# El poder de los 5 segundos

Divulgación

## Biografía

Mel Robbins es una conocida comentarista de la CNN, autora de artículos de opinión, colaboradora de la revista *SUCCESS*, y una de las más valoradas conferenciantes de Estados Unidos. Tras graduarse en Derecho comenzó su carrera como abogada en la ciudad de Nueva York; en la actualidad gestiona varias empresas y ha presentado diversos programas de televisión y radio para las principales cadenas norteamericanas, además de impartir cursos y talleres sobre motivación, confianza y crecimiento personal, en pequeñas y grandes empresas de todo el mundo. Su charla TED «Cómo dejar de machacarte a ti mismo» tiene ya más de 13 millones de visualizaciones en Internet en 37 países. Mel vive cerca de Boston con su marido y es madre de 3 hijos.

En el libro que tienes en tus manos Mel demuestra científicamente, y con los testimonios de cientos de personas de todo el mundo, cómo puedes mejorar tu vida en tan solo cinco segundos.

# Mel Robbins
## El poder de los 5 segundos

Traducción: Aina Girbau Canet

**LIBROS CÚPULA**

Obra editada en colaboración con Editorial Planeta – España

Título original: *The 5 Second Rule: Transform Your Life, Work, and Confidence with Everyday Courage*

Publicado originalmente en inglés por Savio Republic Book

© 2017, Mel Robbins
El derecho moral del autor ha sido declarado.

© 2018, Traducción: Aina Girbau Canet

© 2018, Editorial Planeta, S. A. – Barcelona, España

Derechos reservados

© 2022, Ediciones Culturales Paidós, S.A. de C.V.
Bajo el sello editorial PAIDÓS M.R.
Avenida Presidente Masarik núm. 111,
Piso 2, Polanco V Sección, Miguel Hidalgo
C.P. 11560, Ciudad de México
www.planetadelibros.com.mx
www.paidos.com.mx

Diseño de interior: Greg Johnson/ Textbook Perfect

Primera edición impresa en España: mayo de 2018
ISBN: 978-84-480-2418-5

Primera edición impresa en México en Booket: julio de 2022
Sexta reimpresión en México en Booket: enero de 2024
ISBN: 978-607-569-304-0

Impreso en los talleres de Impregráfica Digital, S.A. de C.V.
Av. Coyoacán 100-D, Valle Norte, Benito Juárez
Ciudad De Mexico, C.P. 03103
Impreso en México –*Printed in Mexico*

# ESTA ES LA VERDADERA HISTORIA DEL
# PODER DE
# LOS 5 SEGUNDOS

**QUÉ** es, **POR QUÉ** funciona, y **CÓMO** gente de todo el mundo la está utilizando para cambiar su vida en tan solo cinco segundos.

◆ Los hechos que se describen en este libro son reales.

◆ No se han cambiado los nombres.

◆ Las entradas publicadas en las redes sociales que aparecen a lo largo de este libro son las entradas originales traducidas.

¡Qué ganas tengo de compartir este libro contigo y de ver cómo liberas tu potencial!

# 5... 4... 3... 2... 1... ¡YA!

Con cariño,
Mel

# EL PODER DE LOS 5 SEGUNDOS
## SÉ VALIENTE EN EL DÍA A DÍA Y TRANSFORMA TU VIDA

# La Valentía del Día a Día

La valentía es la habilidad de hacer ciertas cosas que nos parecen difíciles, inciertas o que nos dan miedo.

No es algo reservado solo para unos pocos elegidos.

La valentía es un derecho natural. Todos la llevamos dentro. Y está esperando ser descubierta.

Un momento de valentía puede cambiarte el día. Un día puede cambiarte la vida. Y una vida puede cambiar el mundo.

Este es el verdadero poder de la valentía: te pone al descubierto. Revela la mejor versión de ti.

Descubre tu valentía y serás capaz de alcanzar y vivir cualquiera de tus sueños.

Sí, incluso el de cambiar el mundo.

# PARTE 1

## EL PODER DE LOS 5 SEGUNDOS

# CAPÍTULO UNO

# CINCO SEGUNDOS PARA CAMBIAR TU VIDA

**SI ESTÁS BUSCANDO**

**LA PERSONA QUE TE CAMBIARÁ LA VIDA,**

**MIRA EN EL ESPEJO**

Estás a punto de aprender algo increíble: solo necesitas cinco segundos para cambiar tu vida. Puede parecer una triquiñuela, ¿no? No lo es. Es ciencia. Y te lo voy a demostrar. Cambias tu vida con cada decisión que tomas en cinco segundos. De hecho, esta es la única forma de cambiar.

Esta es la verdadera historia de la Técnica de los 5 segundos: lo que es, por qué funciona y cómo ha transformado vidas en todo el mundo. La Técnica es fácil de aprender y tiene un gran impacto. Es el secreto para cambiar cualquier cosa. Tan pronto como aprendas la Técnica, puedes empezar a utilizarla. La Técnica te ayudará a vivir, a querer, a trabajar y a hablar con mayor confianza y valentía en el día a día. Con que la utilices una vez, ya la tendrás a tu disposición siempre que la necesites.

Yo creé el Poder de los 5 segundos en un momento vital en el que todo se estaba desmoronando. Y cuando digo *todo*, quiero decir *todo*: mi matrimonio, mis finanzas, mi trayectoria profesional y mi autoestima estaban por los suelos. Mis problemas parecían tan grandes que se me hacía cuesta arriba incluso salir de la cama por la mañana. Y, en realidad, así es como empezó el Poder de los 5 segundos: me inventé la Técnica para ayudarme a romper con el hábito de darle al botón de posponer la alarma.

Cuando utilicé la Técnica por primera vez hace siete años, pensé que era una tontería. Quién me iba a decir que acababa de inventar una poderosa técnica de metacognición que me cambiaría por completo la vida, el trabajo y la consciencia de mí misma.

Lo que me ha sucedido desde que descubrí la Técnica de los 5 segundos y el poder de las decisiones en cinco segundos, ha sido increíble. No solo abrí los ojos, sino que le di una sacudida a mi vida por completo. Utilicé esta única herramienta para tomar el control y mejorar todos los aspectos, desde la confianza en mí misma o la gestión de mi dinero, hasta mi matrimonio, mi trayectoria profesional, mi productividad y mi labor como madre. Pasé de tener cheques sin fondos a tener siete cifras en el banco, y de pelearme con mi marido a celebrar los 20 años de casados. Puse fin a mi ansiedad, construí y me vendí dos pequeños negocios, me contrataron en los equipos de la CNN y de la revista *SUCCESS*, y ahora soy una de las conferenciantes más contratadas del mundo. Nunca me había sentido tan feliz, tan libre ni tan al mando de mi vida. Y no hubiera logrado nada de eso sin la Técnica.

**El Poder de los 5 segundos lo cambió todo... enseñándome solo una cosa: CÓMO cambiar.**

Al usar la Técnica he sustituido la tendencia a darle demasiadas vueltas a las acciones más pequeñas por una inclinación hacia la acción. He utilizado la Técnica para dominar mi autocontrol, estar más presente y ser más productiva. La Técnica me ha enseñado cómo dejar de dudar de mí misma y empezar a creer en mí, en mis ideas y en mis habilidades. Me ha proporcionado la fuerza interior para convertirme en una mejor persona, mucho más feliz, no para los otros, sino para mí.

La Técnica puede hacer lo mismo para ti. Y por eso estoy tan contenta de compartirla contigo. En los capítulos que vienen a continuación, aprenderás la historia que hay detrás de la Técnica, lo que es, cómo funciona, y compartiré contigo la convincente ciencia que la corrobora. Descubrirás cómo las decisiones en cinco segundos y las acciones valientes del día a día cambian tu vida.

Finalmente, aprenderás cómo utilizar #5SecondRule[1] combinándolo con las estrategias más recientes probadas científicamente para estar más sano, más feliz y ser más productivo y eficiente en el trabajo. También aprenderás a utilizarlo para acabar con las preocupaciones, para dominar la ansiedad, encontrar el sentido de la vida y vencer cualquier miedo.

Y esto no es todo. Tendrás pruebas. Muchas pruebas. Este libro está repleto de entradas en las redes sociales y usuarios de todo el mundo que cuentan su experiencia con la Técnica y que la utilizan para hacer realidad cosas increíbles. Sí, la Técnica te ayudará a despertarte a la hora, pero lo que realmente logra es algo mucho más extraordinario: **despierta el genio que llevas dentro, el líder, la estrella del rock, el atleta, el artista y esa parte de ti que sabe cambiar las cosas.**

Al principio, cuando aprendes la Técnica, es posible que la utilices para no alejarte de tus objetivos. Puede que **utilices la Técnica para darte un empujón** para ir al gimnasio como lo hace Margaret cuando «no le apetece».

Margaret
@MRuvoldt

Había planeado ponerme a correr a primera hora de la mañana. Me he despertado y no me apetecía. Luego he pensado en @melrobbins #5SecondRule

---

1.   Se mantiene el *hashtag* original porque se trata de un movimiento internacional. *(N. de la e.)*

O puede que **utilices la Técnica para ser más influyente en el trabajo.** Así es como Mal utilizó la Técnica por primera vez: para reunir la valentía necesaria para hablar con su jefe sobre sus objetivos profesionales (algo que la mayoría de nosotros tememos). Gracias a la Técnica, no solo llegaron a hablar, sino que fue genial:

> **malzakmeh** @mel_robbins, hoy he dado un enorme paso hacia delante y he hablado con mi jefe sobre mi siguiente objetivo y me ha dado todo su apoyo ¡#5SecondRule! Gracias @mel_robbins 😊 😊

Esto es algo único acerca de la Técnica: puede que la haya creado yo, pero no es una historia que solo cuento yo. En este libro conocerás a gente de todo tipo, de todo el mundo, que utiliza la Técnica, a gran o a pequeña escala, para tomar el control de su vida. Sus experiencias diversas te ayudarán a entender que las aplicaciones de la Técnica no tienen límites y a ver de primera mano cuáles son sus verdaderos beneficios.

**Puedes utilizar la Técnica para aumentar tu productividad.** Antes de #5SecondRule, Laura hacía listas de tareas infinitas y se quedaba de brazos cruzados inventándose excusas y siendo una imbécil consigo misma. Ahora se han acabado las excusas para Laura: solo concibe la acción. Laura ha aumentado sus ingresos hasta llegar a los 4.000 $ al mes, ha acabado la carrera, y ha subido montañas de más de 1.000 m. Lo que le queda ahora es correr una maratón.

**Laura**

Te escuché este invierno y me dijiste que dejara de ser una imbécil conmigo, y ¡mira lo que he conseguido! ¡Gracias por motivarme a sacarme la capulla de encima!

**Puedes utilizar la Técnica para salir de tu zona de confort y ser más efectivo ampliando tu red de contactos.** Ken utilizó el Poder de los 5 segundos el mismo día que lo aprendió, en la conferencia nacional del Instituto de Gestión de Proyectos (Project Management Institute) para conocer a peces gordos; Matthew lo utilizó para ponerse en contacto con altos cargos que no conocía previamente; y Alan lo utilizó para conocer a una docena de personas que, si no, no hubiera conocido en un evento de profesionales del golf, organizado el PGA Tour, el principal circuito de golf masculino en Estados Unidos.

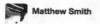

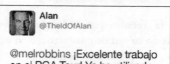

**También puedes utilizar la Técnica para autocontrolar y dominar tus emociones.** Jenna utiliza la Técnica como madre para poner en práctica la paciencia en vez de explotar con sus hijos. También la utiliza como herramienta comercial en su nuevo negocio de venta directa. La Técnica le ayuda a dejar de pensar cuán intimidante es vender y le da el coraje necesario para empezar a vender.

 Jenna

¡Hola Mel! Acabo de empezar a poner en práctica el poder de los 5 segundos. Lo he empezado a aplicar en dos ámbitos de mi vida. Con mis hijos, me proporciona paciencia en vez de explotar. Tengo la sensación de que me brinda 5 segundos extra para ordenar mis pensamientos antes de precipitarme. También me ha ayudado a la hora de construir mi negocio bajo el sello de Yoli. Me tomo 5 segundos para preguntar, para hablar con alguien y sacar el tema de mi negocio. Tal y como tú mencionaste, pensar en la respuesta en vez de pensar en hacerlo puede resultar muy intimidante en este tipo de negocio. ¡¡Solo tienes que utilizar los 5 segundos para hacerlo en vez de pensarlo!! ¡¡¡Me encantó escucharte en directo!!! ¡Fue genial! ¡¡Gracias!! ¡Tengo ganas de aplicar el poder de los 5 segundos en más aspectos de mi vida que quiero mejorar! ¡Que tengas un día maravilloso!

**Hay ejecutivos dentro de las marcas más respetadas a nivel mundial que ya están utilizando la Técnica para ayudar a sus directores a cambiar, a generar ventas, a implicar a sus equipos y a innovar.** Cojamos, por ejemplo, a Crystal, que trabaja en la Asociación del Automóvil USAA (United Services Automobile Association) y que tiene a todo el equipo comercial utilizando el Poder de los 5 segundos. Los resultados han sido extraordinarios: han subido hasta el #1 en su zona.

**Crystal**
Tengo a todo mi equipo de USAA utilizando el poder de los 5 segundos y de momento ya hemos subido hasta el #1 en ventas en nuestra zona. ¡Nuestro objetivo es ser el #1 en toda la empresa! Esta es una de las fórmulas que me enviaste. Tengo más para seguir.

Es tan fácil aprender #5SecondRule y tan importante para la confianza en uno mismo, que hay directores como Muz que la comparten con todos sus equipos por todo el mundo.

**Muz**
@muze63

Esta mañana, todo el personal unido para escuchar una fantástica conferencia #TEDtalk a cargo de @melrobbins #motivación #5SecondRule. Gracias, Mel :)

**También te inspirarán las historias de personas que están reuniendo el valor necesario para dejar de dar vueltas a las cosas y empezar a poner en marcha sus ideas.** Mark, después de pasarse décadas sopesando la idea de empezar una liga de *hockey* sobre hielo sin ánimo de lucro para niños de zonas marginales, utilizó la Técnica para sacar la idea de la cabeza y ponerla en práctica de una vez por todas. Actualmente, se ha asociado con exatletas olímpicos y con antiguos miembros de la NHL, la Liga Nacional de Hockey para crear campamentos, clínicas y ligas.

**Mark**
Ver perfil

Yo trabajé entorno a la Liga Nacional de Hockey gran parte de los años 80 y 90. Siempre pensé que era una pena que los niños de barrios marginales tuvieran un acceso tan restringido al deporte, ya que tiende a ser una afición cara y poco práctica para muchas familias.

Siempre he tenido la idea de que las leyendas del hockey podrían traer el hockey a los barrios marginales a través del hockey callejero. Lamentablemente, cada vez que tengo este pensamiento, pongo el freno de mano y no paso a la acción.

Pero en 2013 vi una conferencia TEDx de Mel Robbins y en el minuto 19 de una presentación de 21 minutos, introdujo el concepto del "poder de los 5 segundos".

¡Bingo!

Inmediatamente cogí la idea que tenía en la cabeza y la puse en práctica. En poco tiempo, uní fuerzas con la estrella del hockey David A. Jensen, un exatleta olímpico, y con antiguos miembros de los Boston Bruins y creamos el programa "Hockey en la calle". Desde este programa, actualmente, dirigimos campamentos, clínicas y ligas en varias áreas urbanas de Nueva Inglaterra.

Mientras el programa siga expandiéndose, miles de niños procedentes de barrios marginales, tendrán la oportunidad de vivir de primera mano el extraordinario deporte del hockey. Pero esto no podría haber pasado ¡si hubiera dejado el freno de mano puesto!

http://www.dajhockey.com/summer-2016-urban-street-hockey-program.html

**Programa de verano 2016 de Hockey callejero**

El Departamento de Conservación y Recreación de Massachusetts...

dajhockey.com

**La Técnica es también una poderosa herramienta en las batallas contra la adicción y la depresión.** Bill descubrió #5SecondRule en una cadena de mensajes en Reddit (un sitio web de marcadores sociales y agregador de noticias donde los usuarios pueden dejar enlaces a contenidos web). Fue el mensaje adecuado, en el lugar adecuado y en el momento adecuado. Empezó a utilizar el truco de la cuenta atrás sacado de la Técnica para dejar de beber ¡y le está funcionando de maravilla! Acaba de celebrar sus cuarenta años totalmente sobrio.

< Bill •••

El otro día encontré tu charla TED en una cadena de mensajes en Reddit. La he visto unas 10 veces. Y ahora hace 5 días que no bebo. Cada vez soy más fuerte. Así que gracias. Fue el mensaje adecuado, en el lugar adecuado y en el momento adecuado.

¡¡Hola Mel!! Todo me va muy bien. El sábado cumplí 40 años y ¡¡¡aguanté sobrio todo el rato!!! He acudido a un par de actos sociales y he utilizado el truco de la cuenta atrás, ¡¡funciona de maravilla!!

**Y puede que incluso te salve la vida.** Un compañero de trabajo se puso en contacto conmigo hace poco y me transmitió una historia muy conmovedora de #5SecondRule. Después de romper con su mujer, cayó en una gran depresión. La situación se puso tan negra que contempló la opción de suicidarse. Cuando estaba tocando fondo, utilizó la Técnica para descartar ese pensamiento y pedir ayuda. El hecho de armarse de valor para sacarse la idea de la cabeza contando 5- 4- 3- 2- 1 y luego llamar para pedir ayuda, le salvó la vida.

Mel, espero que estés bien. Hace tiempo que te quería escribir. Como ya sabes, he escuchado algunas de tus conferencias, hemos charlado alguna vez y te sigo en las redes sociales. Quiero que sepas que lo que haces importa. Mi mujer y yo nos separamos hace un poco más de un año y para mí ha sido duro. Tan duro que contemplé la posibilidad de suicidarme, pero cuando toqué fondo me dije a mí mismo 5- 4- 3- 2- 1, descarté ese pensamiento y llamé para pedir ayuda. Ahora todo me va genial, la vida me va bien y he vuelto a encontrar mi propósito en la vida. Nunca dudes de que estás haciendo algo bueno y de que estás marcando una diferencia. 5- 4- 3- 2- 1 sal y ten un gran día. Un saludo.

Al utilizar la Técnica durante más de siete años, y escuchar los testimonios de gente de todo el mundo, me he dado cuenta de que cada día nos enfrentamos a momentos difíciles, que provocan incertidumbre y que dan miedo. Vivir requiere valentía. Y esto es exactamente lo que la Técnica te ayudará a descubrir: la valentía para convertirte en la mejor versión de ti mismo.

## ¿Cómo puede ser que una herramienta tan sencilla funcione en tantos ámbitos y tenga tanto potencial?

Buena pregunta. #5SecondRule solo funciona con una cosa: CONTIGO. Dentro de ti hay grandeza. Incluso cuando estás de bajón, hay grandeza en ti. La Técnica te proporcionará claridad para escuchar esa grandeza y la valentía para actuar.

Había cosas a las que llevaba años dando vueltas y encontrando excusas para no hacerlas. Pero al utilizar la Técnica, he descubierto la valentía necesaria para llevarlas a cabo. Solamente a través de la acción he podido liberar el poder que llevaba dentro para convertirme en la persona que siempre había querido ser. Y la seguridad que muestro en la tele, en internet y en el escenario es, para mí, «Auténtica confianza».

He construido mi Auténtica confianza aprendiendo a honrar mis instintos a través de la acción, para que se cumplan en el mundo real. Utilizo la palabra *honrar* adrede. Porque es exactamente lo que haces cuando utilizas la Técnica. Te estás honrando. Estás luchando por tus ideas. Y cada vez que la utilizas, te acercas un paso a la persona que estás predestinado a ser. Yo he pasado de ser una de esas personas que solo piensa en sus ideas, a tener la confianza de compartir, actuar y perseguir mis ideas. Si utilizas la Técnica con consistencia y honras tus instintos con acción, experimentarás la misma transformación.

Marlowe ha descubierto lo fácil que es utilizar la Técnica para transformarse. Pocos días después de haber aprendido la Técnica, la utilizó para dejar de plantearse si se apuntaba a unas asignaturas o no, y pasó a la acción y se apuntó, lo cual era algo que había querido hacer, pero llevaba demasiado tiempo encontrando excusas.

**Marlowe**

Mel!!! Formé parte del equipo de Triunfadores en la conferencia de ACE (Achievers Customer Experience) que diste en Toronto el 14 de septiembre. Tu conferencia me cambió la vida. Me he empezado tu libro y no puedo dejarlo. De hecho, antes de llegar a la mitad, estaba en la cama, por la tarde, leyéndolo y tal cual paré de leer, me levanté y me fui a la Universidad de York y me apunté a unas asignaturas. Es algo que había querido hacer, pero llevaba demasiado tiempo encontrando excusas. Es espectacularmente increíble y fascinantemente inspirador lo fácil que se vuelve todo cuando te haces a la idea de que eres capaz de darte un EMPUJÓN. ¡Me encantas y me encanta tu libro! El mundo necesita tu sabiduría. Realmente has tenido un impacto en mi vida en tan poco tiempo que no sé ni por dónde empezar a la hora de describir lo bien que sienta notar que tienes el control. Sinceramente espero que saques otro libro pronto. Con cariño, de una fan agradecida.

**Marlowe**

La gente tiene que entender lo FÁCIL que es una vez lo has probado. Yo me he quedado asombrada. Por eso he tenido la necesidad de hacértelo saber. Ya sé que debes escuchar historias como esta cada día, pero hace años que voy posponiendo lo de apuntarme a esas dos últimas asignaturas. Y a la mitad de tu libro pensé, ¿a qué estoy esperando? Todo lo que tenía que hacer era meterme en el coche, conducir media hora y apuntarme de una vez. Y así lo hice. Así que ahora estoy matriculada para el semestre de invierno y estoy motivada, ¡y esto me encanta! Sé que cuando logre esto encontraré otra montaña que subir y por fin siento que estoy haciendo algo por mí que me aportará beneficios y lo que es mejor, es que tuve el EMPUJÓN necesario para hacerlo sola. Y esto sienta de maravilla. Fue un verdadero privilegio poder estar entre el público en tu charla, ¡de verdad! Eres pura inspiración.

Tal y como dice Marlowe, es espectacularmente increíble y fascinantemente inspirador lo fácil que se vuelve todo cuando te haces a la idea de que eres capaz de darte un EMPUJÓN.

Tiene razón. Una vez empiezas a utilizar la Técnica para darte un empujón y pasar a la acción, quedarás «asombrado» por lo fácil que es tomar una decisión en cinco segundos que lo cambie todo.

A la que empecé a utilizar la Técnica con más frecuencia en mi vida, me di cuenta de que me pasaba el día entero tomando pequeñas decisiones que me frenaban. Tardaba cinco segundos en decidir quedarme callada, esperar y no arriesgar. Tenía el instinto de actuar y en solo cinco segundos mi mente aplastaba la idea con dudas, excusas, preocupaciones o miedo. **Yo era el problema y en cinco segundos, podía darme un empujón y convertirme en la solución.** Tenía ante mis narices el secreto para cambiar: las decisiones de cinco segundos.

¿Has visto alguna vez el famoso discurso que dio David Foster Wallace en 2005 en la ceremonia de graduación en Kenyon College? Si no has visto u oído este discurso, puedes encontrarlo en YouTube y dura 20 minutos que merecen la pena.

En él, Wallace coge el micro y empieza con esta broma:

> *«Dos peces jóvenes están nadando cuando se cruzan con un pez mayor que les saluda con la cabeza y les dice, "Buenos días, chicos, ¿qué tal está el agua?".*
>
> *Y los dos peces jóvenes siguen nadando un rato hasta que uno de ellos mira al otro y le dice, "¿Qué demonios es el agua?"».*

En el video puedes escuchar cómo el público se ríe, y luego Wallace explica el objetivo más inmediato de la historia de los peces: *«Las realidades más obvias e importantes son a veces las más difíciles de ver y de las que hablar».*

Para mí, lo más difícil de ver y de lo que hablar era la naturaleza del cambio en sí. Siempre me había preguntado por qué era tan tremendamente difícil llevar a cabo las cosas que sabía que tenía que hacer para poder ampliar mi trayectoria profesional, enriquecer mis relaciones, estar más sana, y mejorar mi vida. Descubrir #5SecondRule me dio la respuesta del millón: el cambio se reduce a la valentía que necesitas cada día para tomar decisiones de cinco segundos.

## Estás a una decisión de alcanzar una vida completamente distinta

En este libro, voy a compartir contigo todo lo que he aprendido acerca del cambio y del poder de la valentía cotidiana. Te va a encantar esto que estás a punto de aprender. Lo mejor de todo esto va a ser cuando empieces a utilizar la Técnica y veas tú mismo los resultados. No solo te despertarás y te darás cuenta de lo mucho que te has ido censurando. También despertarás el poder que has tenido siempre dentro.

A medida que vayas leyendo las historias que contienen estas páginas, puede que incluso te des cuenta de que ya has utilizado #5SecondRule antes. Si miras atrás en el tiempo, y te paras a pensar en los momentos más importantes de tu vida, te aseguro que has tomado alguna decisión que te ha cambiado la vida basándote únicamente en el instinto. En cinco segundos, has tomado una «decisión de corazón», como yo las llamo. Has ignorado los miedos y has dejado que tu valentía y seguridad hablaran por ti. Cinco segundos de valentía marcan la diferencia.

Y si no, pregúntaselo a Catherine. Cuando escuchó por primera vez #5SecondRule en una reunión con la dirección ejecutiva de su empresa, se dio cuenta de que ella había utilizado la Técnica en el pasado para tomar una de las decisiones más importantes de su vida: simplemente, que en aquel momento no se dio cuenta. En 1990, asesinaron a su hermana Tracy y Catherine viajó hasta su ciudad natal para ayudar. Fue allí cuando una decisión de 5 segundos no solo cambió su vida, sino también la de muchas otras personas. Decidió criar a los dos peques de su hermana que habían quedado huérfanos al morir Tracy.

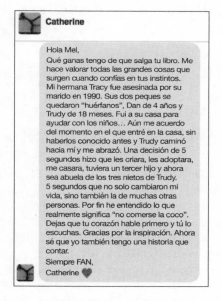

**Catherine**

Hola Mel,

Qué ganas tengo de que salga tu libro. Me hace valorar todas las grandes cosas que surgen cuando confías en tus instintos. Mi hermana Tracy fue asesinada por su marido en 1990. Sus dos peques se quedaron "huérfanos", Dan de 4 años y Trudy de 18 meses. Fui a su casa para ayudar con los niños… Aún me acuerdo del momento en el que entré en la casa, sin haberlos conocido antes y Trudy caminó hacia mí y me abrazó. Una decisión de 5 segundos hizo que les criara, les adoptara, me casara, tuviera un tercer hijo y ahora sea abuela de los tres nietos de Trudy. 5 segundos que no solo cambiaron mi vida, sino también la de muchas otras personas. Por fin he entendido lo que realmente significa "no comerse la coco". Dejas que tu corazón hable primero y tú lo escuchas. Gracias por la inspiración. Ahora sé que yo también tengo una historia que contar.

Siempre FAN,
Catherine 💙

Me encanta el hecho de que describa la decisión como «no comerse la cabeza», porque cuando actúas con valentía, tu cerebro no forma parte de ello. Tu corazón habla primero y tú lo escuchas. La Técnica te enseñará cómo.

¿Vas a tener que esforzarte para descubrir el potencial que llevas dentro? Sí. Pero tal y como ha dicho Marlowe hace algunas páginas, es espectacularmente increíble y fascinantemente inspirador lo fácil que se vuelve todo cuando lo descubres. Trabajar para mejorar tu vida es tarea fácil, puedes hacerlo y es algo que quieres hacer, porque es el trabajo más importante que hay. Es la tarea de aprender cómo quererte y cómo confiar en ti mismo lo suficiente para dejar de esperar y empezar a lanzarte hacia la magia, la oportunidad y la alegría que te brindan la vida, el trabajo y las relaciones.

Estoy contentísima de saber lo que pasa cuando empiezas a utilizar #5SecondRule. Pero voy a hacer un salto hacia atrás en la historia. Antes de poder hablar de todas las maneras fascinantes de utilizar la Técnica, tengo que llevarte a 2009 y explicarte cómo empezó todo.

# va·len·tí·a

[balen'tia]

*sustantivo*

- Habilidad de hacer algo que es difícil o que da miedo

- Salir de tu zona de confort

- Compartir tus ideas, expresarte o ser visible

- Mantenerte firme en tus creencias y valores

- Y algunos días… salir de la cama.

# CAPÍTULO DOS

# CÓMO DESCUBRÍ EL PODER DE LOS 5 SEGUNDOS

«EL VALOR SE ENCUENTRA

EN LOS LUGARES MÁS INSOSPECHADOS.»

J. R. R. TOLKIEN

Todo empezó en 2009. Tenía cuarenta y un años y estaba afrontando serios problemas económicos, en el trabajo y en mi matrimonio. Tan pronto me despertaba por las mañanas, todo lo que sentía era temor.

¿Te has sentido así alguna vez? Es lo peor. Suena el despertador y, simplemente, no te apetece levantarte y afrontar el día. O estás en la cama, por la noche, y la cabeza te da vueltas y más vueltas porque te preocupan todos tus problemas.

Este era mi caso. Durante meses, me sentía tan abrumada con los problemas que tenía que casi no podía ni salir de la cama. Cuando me sonaba el despertador a las seis de la mañana, me quedaba tumbada pensando en el día que me esperaba, el coste de la vivienda, el saldo negativo en la cuenta bancaria, mi trayectoria profesional fracasada, cuánto me fastidiaba mi marido… y luego le daba al botón de posponer la alarma. No una vez, sino una y otra vez.

Al principio, no era algo demasiado importante, pero, del mismo modo que pasa con cualquier mal hábito, con el paso del tiempo, la situación se agravó y se convirtió en un problema mucho más grande que tenía un impacto en mi día entero. Cuando conseguía levantarme, a los niños se les había escapado el bus y yo tenía la sensación de que mi vida era un fracaso. Me pasaba la mayor parte de los días cansada, llegando tarde a todas partes y me sentía extremadamente agobiada.

No tengo ni idea de cómo empezó, solo recuerdo sentirme derrotada en todo momento. Mi vida profesional se iba al garete. En los últimos 12 años había cambiado de trayectoria profesional tantas veces que estaba desarrollando múltiples personalidades. Después de graduarme en la Facultad de Derecho, empecé mi carrera de abogada de oficio en Nueva York, para la Sociedad de Ayuda Legal de Defensa Criminal. Luego conocí a mi marido Chris, nos casamos y nos mudamos a Boston para que él pudiera continuar su Máster en Administración de Empresas. En Boston, trabajaba miles de horas para un gran bufete de abogados y siempre estaba deprimida.

Cuando nació nuestra hija, aproveché mi baja maternal para encontrar otro trabajo y aterricé en el mundo de las empresas emergentes de Boston. Trabajé para varias empresas tecnológicas durante esos años. Era divertido y aprendía mucho, pero nunca tuve la sensación de que la tecnología era la trayectoria adecuada para mí.

Contraté un *coach* para que me ayudara a descubrir «qué quería hacer con mi vida». El hecho de trabajar con un *coach* me hizo querer convertirme en *coach*. Así que, como muchas otras personas, trabajaba durante el día, me centraba en los niños cuando llegaba a casa y luego estudiaba por las noches para conseguir el título que necesitaba. Llegó un momento en el que empecé un negocio de *coaching*. Me encantaba, y seguramente aún estaría en ello si no me hubieran llamado de los medios de comunicación.

Mi trayectoria en los medios de comunicación empezó de chiripa: la revista *Inc.* publicó un artículo presentando mi negocio de *coaching* y un ejecutivo de la cadena CNBC lo vio y me llamó. Esa llamada me llevó a muchas reuniones. Después de meses de pruebas, me ofrecieron un «acuerdo de desarrollo» con ABC y un programa de radio en la cadena Sirius con llamadas en directo.

Suena fenomenal, pero no lo era. Descubrí con asombro que en la mayoría de los acuerdos de desarrollo te pagan una miseria y que la radio te paga aún menos que eso. En realidad, tenía tres hijos e iba de un lado para otro, de Boston a Nueva York, dormía en los sofás de mis amigos, además tenía clientes de *coaching* para poder llegar a fin de mes, dependiendo demasiado de los amigos y de la familia para poder cubrir los gastos asociados con tener hijos, y haciendo todo lo que podía para que todo funcionara.

Después de varios años arreglándomelas en el negocio de los medios, conseguí mi «gran oportunidad». Me seleccionaron para presentar un *reality show* en la cadena FOX. Fantaseaba con solucionar todos nuestros problemas económicos como por arte de magia al convertirme en una estrella de la tele. Y un huevo. Grabamos un par de capítulos del programa llamado *Someone's Gotta Go* («Alguien se tiene que largar»), y luego la cadena pospuso el programa. En un abrir y cerrar de ojos, mi trayectoria en los medios se encontraba en un callejón sin salida. Solo me pagaban si gravábamos. No tenía trabajo y había firmado un contrato de diez meses que me impedía buscar otro trabajo en el campo de los medios.

Llegados a ese punto, Chris ya había terminado su Máster en Administración de Empresas y abrió un restaurante de *pizzas* de corteza fina, con su mejor amigo en el área metropolitana de Boston. Al principio todo iba genial. El primer restaurante fue un exitazo, la empresa ganó el premio Best of Boston TM («El mejor de Boston»), varios premios regionales y la *pizza* que hacían era extraordinaria. Abrieron un segundo restaurante y, con el apoyo de una gran cadena de supermercados, un negocio de venta al por mayor. Desde fuera, parecía que el negocio estaba en auge. Pero en el balance general, todo se iba a pique. Habían querido crecer demasiado rápido. El segundo restaurante fracasó y el negocio de venta al por mayor necesitaba más dinero para crecer. Las cosas se pusieron feas en muy poco tiempo.

Del mismo modo que les pasa a muchos pequeños empresarios, habíamos echado la línea de crédito sobre el valor líquido de nuestra vivienda e invertido todos nuestros ahorros en el negocio del restaurante, y ahora estaba desapareciendo ante nuestras narices. No nos quedaban ahorros y la línea de crédito de nuestra vivienda estaba pelada. Pasaron semanas y Chris no cobraba nada. Las deudas empezaron a inundar nuestra casa.

Estando yo sin trabajo y con los apuros que estaba pasando el negocio de Chris, la presión económica aumentaba; nos llegaban a diario escalofriantes cartas de abogados y los cheques rebotaban constantemente. Las llamadas para que pagáramos las deudas eran incesantes así que decidimos desconectar el teléfono. Cuando mi padre nos mandó dinero para pagar la hipoteca, me sentí agradecida, pero también avergonzada.

En público, intentábamos salvar las apariencias por la gran cantidad de amigos y familiares que habían invertido en el restaurante, lo cual hacía que la presión fuera aún peor. Chris y su socio trabajaban día y noche para intentar salvar la situación. Yo aparentaba estar animada, pero por dentro estaba agobiadísima, avergonzada y asustada. Nuestros problemas económicos nos estaban haciendo trizas. Yo les daba la culpa a los restaurantes y él me la daba a mí por perseguir una trayectoria profesional en los medios de comunicación. En realidad, los dos teníamos la culpa.

No importa lo mal que te vaya la vida, siempre puedes empeorar las cosas. Y yo las empeoré. Bebía demasiado. Exageradamente. Envidiaba a las amigas que no tenían que trabajar. Estaba de mala leche y no paraba de criticar. Nuestros problemas me parecían tan graves que me autoconvencí de que no podía hacer nada al respecto. Mientras tanto, en público, aparentaba que todo iba bien.

A toro pasado, puedo ver que era más fácil lamentarme y culpar a Chris y a su negocio en apuros que mirarme al espejo y volver a coger las riendas. La mejor manera para describir cómo me sentía es «atrapada». Me sentía atrapada por la vida y por las decisiones que había tomado. Me sentía atrapada por nuestros problemas económicos. Y me sentía atrapada en una lucha frustrante conmigo misma.

Sabía lo que tenía que hacer o lo que podía hacer para arreglar las cosas, pero no me podía dar el empujón para hacerlas. Eran cosas pequeñas como salir de la cama temprano, ser más amable con Chris, aceptar el apoyo de mis amigos, beber menos y cuidarme. Pero el hecho de saber lo que tienes que hacer no es suficiente para realizar un cambio.

Pensaba en hacer ejercicio, pero no lo hacía. Me planteaba llamar a una amiga para hablar, pero no lo hacía. Sabía que, si encontraba un trabajo fuera de la industria de los medios, sería de ayuda, pero no me sabía motivar para buscar. No me sentía cómoda con la idea de volver a hacer de *coach* porque yo misma me sentía fracasada.

Sabía lo que tenía que hacer, pero no me podía dar el empujón necesario para pasar a la acción. Y esto es lo que hace que cambiar sea tan difícil. Cambiar requiere que hagas cosas que parecen difíciles y que dan miedo. Cambiar requiere valentía y confianza, y a mí no me quedaba ninguna de las dos cosas.

Lo que sí hice fue pasarme mucho tiempo pensando. Pero pensar hizo que todo fuera peor. Cuánto más pensaba en la situación en la que estábamos, más miedo tenía. Esto es lo que hace la mente cuando te centras en los problemas: los hace más grandes. Cuánto más me preocupaba, más indecisa y agobiada estaba. Cuánto más pensaba, más paralizada me sentía.

Cada noche me tomaba un par de copas para aliviar las penas. Me metía en la cama borracha o con el puntillo, cerraba los ojos y soñaba con una vida distinta, una vida en la que no tuviera que trabajar y en la que todos nuestros problemas hubieran desaparecido por arte de magia. Cuando me despertaba, tenía que afrontar la realidad: mi vida era una pesadilla. Tenía cuarenta y un años, no tenía trabajo, estaba económicamente arruinada, combatiendo un problema con la bebida y no tenía ni gota de confianza en mis habilidades o las de mi marido para arreglar nuestros problemas.

Y fue aquí cuando el botón de posponer la alarma entró en acción. Le daba... una, dos, tres o cuatro veces cada mañana. En el momento en el que le daba a ese botón de posponer, era el único momento del día en el que realmente tenía las cosas bajo control. Era un acto de desafío. Era como decir:

*«¿Ah sí? ¡Chúpate esa, vida! ¡Que te den por el ****! Pues ahora no me levanto, vuelvo a dormir. ¡Toma ya!».*

Cuando finalmente salía de la cama, Chris ya se había ido a los restaurantes, los niños estaban en fases diferentes del proceso de vestirse y hacía rato que se les había escapado el bus escolar. Me quedaría corta si dijera que las mañanas eran caóticas. Eran un tren descarrilado. Siempre íbamos tarde. Me olvidaba de los almuerzos, de las mochilas, de las bolsas de deporte y de las autorizaciones de la escuela mientras salíamos escopeteados por la puerta. Me daba vergüenza la cantidad de cagadas que hacía cada día. Y sentir esa vergüenza no hacía más que ponerme aún más al límite del abismo.

Y aquí viene el giro inesperado: yo sabía lo que tenía que hacer para empezar bien el día. Tenía que despertarme a la hora, preparar el desayuno y conseguir que los niños cogieran el bus. Luego tenía que buscar un trabajo. No estamos hablando de que tuviera que subir al Everest. Sin embargo, el hecho de que fueran cosas sencillas, lo hacía aún más difícil. No tenía ninguna excusa para no hacerlo.

La confianza en mí misma se hallaba en una espiral mortal. Si no podía ni levantarme a la hora, ¿cómo demonios podía tener fe en mí misma para arreglar los enormes problemas económicos y de pareja a los que nos estábamos enfrentando Chris y yo? Mirando hacia atrás, veo que lo que me pasaba es que estaba perdiendo la esperanza.

¿Te ha pasado alguna vez que hay cosas tan fáciles que parecen súper difíciles? Habiendo tenido la respuesta de tantos de vosotros, sé que no soy la única persona a quien le pasaba esto. La lista de cosas *difíciles* es sorprendentemente universal:

| | | |
|---|---|---|
| Hablar en una reunión | Darle al botón «enviar» de los correos | Entrar en la pista de baile |
| Ser positivo | Ceñirte a tu plan | Publicar tu trabajo |
| Tomar una decisión | Salir de casa | Ir al gimnasio |
| Encontrar tiempo para uno mismo | Ofrecerte voluntario para ser el primero | Comer con moderación |
| Pedir críticas constructivas | Asistir a los reencuentros | Decir que *no* |
| Levantar la mano | Bloquear a un ex en las redes sociales | Pedir ayuda |
| Pedir un aumento | Hablarle a una persona que te parece atractiva | Bajar la guardia |
| Acabar con las inseguridades | | Aceptar que te has equivocado |
| Currarte el currículum | | Escuchar |

En mi caso, se trataba de despertarme a la hora. Estando en la cama, cada noche, me hacía promesas de lo que cambiaría al día siguiente:

*«Mañana cambiaré. Mañana me levantaré más temprano. Mañana estaré de más buen humor y me esforzaré un poco más. Iré al gimnasio. Seré amable con mi marido. Comeré cosas sanas. No beberé tanto. ¡Mañana seré la nueva versión de mí!».*

Y con esta visión en la mente y el corazón lleno de esperanza, me ponía el despertador a las seis de la mañana y cerraba los ojos. Y el ciclo volvía a empezar otra vez. Tan pronto sonaba el despertador, no me sentía como «la nueva versión de mí». Me sentía como mi *yo* de siempre, y mi *yo* de siempre quería seguir durmiendo.

Está claro que me pasaba por la cabeza la idea de despertarme, pero a la hora de la verdad no lo tenía tan claro, me giraba hacia el despertador y le daba al botón de posponer. Cinco segundos era todo lo que tardaba para convencerme a mí misma de no darle al botón.

El motivo por el cual no salía de la cama era muy sencillo: simplemente *no me apetecía*. Más adelante aprendí que me había quedado atascada en lo que los científicos llaman el «ciclo de la costumbre». Le había dado al botón de posponer tantas mañanas seguidas que ahora mi cerebro había codificado un patrón cíclico cerrado.

Hasta que llegó una noche en la que todo cambió.

Estaba a punto de apagar la tele e irme a la cama cuando me quedé pillada con un anuncio. En la pantalla había la imagen de un cohete despegando. Escuché la famosa cuenta atrás, 5- 4- 3- 2- 1, fuego y humo inundaban la pantalla y el cohete despegaba.

Y me dije: «*Eso es, mañana despegaré de la cama… como un cohete. Me moveré tan rápido que no tendré tiempo de convencerme de que no me quiero levantar*». Fue como un instinto. Un instinto que podría haber ignorado fácilmente. Pero por suerte no lo ignoré. Lo puse en acción.

La verdad es que yo quería solucionar nuestros problemas. No quería destruir mi matrimonio o seguir fracasando para convertirme en la peor madre del mundo. Quería tener estabilidad económica. Quería volver a sentirme feliz y a estar orgullosa de mí.

## Y quería cambiar sí o sí. Simplemente no sabía cómo.

Y este es un punto importante en mi historia. El instinto de despegarme de la cama era la voz de mi sabiduría interior. El hecho de que la escuchara fue un punto de inflexión. Y seguir sus instrucciones, me cambió la vida. El cerebro y el cuerpo nos envían mensajes para que nos despertemos y prestemos atención. Y la idea de despegarme de la cama es un claro ejemplo de ello. Puede que tus instintos parezcan estúpidos, pero a la que los honras con acción deliberada, pueden cambiarte la vida.

Esto de actuar siguiendo tus instintos va mucho más allá de la frase «confía en tus instintos». Investigaciones recientes de la Universidad de Arizona, en colaboración con Cornell y Duke han demostrado que hay una potente conexión entre el cerebro y el instinto de actuar. Cuando te propones un objetivo, tu cerebro empieza una lista de tareas. Cuando estás cerca de cosas que te pueden ayudar a alcanzar esos objetivos, tu cerebro aviva tus instintos para alertarte de que cumplas ese objetivo. Te voy a poner un ejemplo.

Imagínate que tu objetivo es estar un poco más saludable. Si entras en una sala de estar, no sucede nada. En cambio, si pasas por delante de un gimnasio, se encenderá tu córtex prefrontal porque estarás cerca de algo relacionado con estar más saludable. Cuando hayas dejado atrás el gimnasio, tendrás la sensación de que *tendrías* que hacer ejercicio. Esto es un instinto que te recuerda tu objetivo. Esta es tu sabiduría interior y es importante prestarle atención, sin importar lo pequeño o absurdo que pueda parecer el instinto.

De modo subconsciente, mi cerebro me estaba indicando que tenía que prestar atención al cohete que despegaba en la tele. En ese momento de solo cinco segundos, mi cerebro me estaba mandando unas instrucciones muy claras:

*«Presta atención a este cohete que despega, Mel. Pilla la idea. Cree en ella. Y hazlo. No te pares a pensar. No intentes disuadirte. Mañana, despégate de la cama, Mel».*

Esta es una de las cosas que he aprendido usando #5SecondRule. Cuando se trata de objetivos, sueños y de cambiar tu vida, la sabiduría interior es un genio. Tus impulsos, ansias e instintos relacionados con tus objetivos existen para guiarte. Tienes que aprender a apostar por ellos. Porque, tal y como lo demuestra la historia, nunca sabrás cuándo llegará tu mayor inspiración y adónde te llevará ese descubrimiento si confías lo suficiente en ti para pasar a la acción.

Así es como se han descubierto algunas de las invenciones más útiles del mundo. En 1826, John Walker descubrió la cerilla cuando estaba utilizando un palo para mezclar un frasco de químicos, y luego, cuando intentó quitar raspando lo que había quedado en el extremo del palo, se encendió. Siguió su instinto de intentar recrearlo y así es como descubrió las cerillas. En 1941, George de Mestral inventó el Velcro® después de darse cuenta de la facilidad con la que algunas plantas se pegaban en el pelo de su perro. En 1974, Art Fry tuvo una idea que le llevó a inventar las notas de Post-It® porque necesitaba un punto de libro que se quedara fijo en la página de su cantoral hasta el próximo domingo en la misa, pero que a la vez no dañara las páginas cuando lo sacara.

Incluso así nació el Frappuccino. En 1992, el subgerente de un Starbucks en Santa Mónica se dio cuenta de que las ventas bajaban a la que empezaba a hacer calor. Tuvo el instinto de hacer una bebida helada y confió en su instinto, así que pidió una batidora, fue probando recetas y, finalmente, le ofreció una muestra al vicepresidente. El primer Frapuccino salió de su cafetería un año más tarde.

Cuando se trata de cambiar, de objetivos y sueños, tienes que apostar por ti. Y esta apuesta empieza escuchando tu instinto de cambiar y honrando este instinto con acción. Me siento muy agradecida por haber escuchado mi absurda idea de despegarme de la cama como un cohete porque toda mi vida ha cambiado en consecuencia. Esto es lo que pasó:

A la mañana siguiente, me sonó el despertador a las seis y lo primero que sentí fue temor. Todo estaba oscuro. Hacía frío. Era invierno en Boston y no me quería despertar. Pensé en el despegue del cohete e inmediatamente me sentí estúpida. Luego, hice algo que no había hecho nunca antes: **ignoré cómo me sentía. No pensé. Hice lo que tenía que hacer.**

En vez de darle al botón de posponer, empecé a contar.

Una cuenta atrás.

# 5... 4... 3... 2... 1...

Y luego me levanté.

Ese fue el momento preciso en el que descubrí el Poder de los 5 segundos.

# El Poder de los 5 segundos

El momento en el que tienes el instinto de actuar para acercarte a un objetivo tienes que contar

## 5- 4- 3- 2- 1

y moverte físicamente porque si no tu cerebro te lo impedirá.

# CAPÍTULO TRES

# QUÉ PUEDES ESPERAR SI LO UTILIZAS

> «NO IMPORTA CÓMO NACEMOS,
>
> SINO EN LO QUE NOS CONVERTIMOS.»
>
> **J. K. ROWLING**

Cuando utilicé la Técnica esa primera mañana, me sorprendí tanto como tú de que algo tan absurdo funcionara. ¿Hacer una cuenta atrás? 5- 4- 3- 2- 1... ¿en serio? No sé por qué funcionó. Solo sé que funcionó. Llevaba meses batallando para despertarme a la hora y de repente el Poder de los 5 segundos hizo que cambiar de actitud fuera fácil.

Más adelante supe que cuando haces una cuenta atrás, le cambias las marchas a la mente. Interrumpes tu pensamiento estándar y haces lo que los psicólogos llaman «ejercer el control». Lo de contar te distrae de tus excusas y centra la mente en avanzar hacia una nueva dirección. Cuando te mueves físicamente en vez de pararte a pensar, tu psicología cambia y tu mente va de la mano. Al investigar para hacer este libro, descubrí que la Técnica es (en el lenguaje de las investigaciones sobre las costumbres) un «ritual de iniciación» que activa el córtex prefrontal, ayudando a cambiar tu comportamiento.

El córtex prefrontal es la parte del cerebro que utilizas cuando te concentras, cuando cambias o cuando actúas deliberadamente. Yo ya sabía lo que era el córtex prefrontal, pero pronto descubrí, gracias a mis investigaciones, lo que eran los ganglios basales, la plasticidad neuronal, el principio de progreso y el *locus* de control. Sinceramente, no me había dado cuenta de que acababa de descubrir una técnica única que tenía un efecto en todos ellos.

A la mañana siguiente utilicé la Técnica y volvió a funcionar. Y luego me pasó algo curioso: empecé a ver momentos de cinco segundos durante todo el día, momentos como la batalla para despertarme a la hora. Si me paraba a pensar lo que sabía que tenía que hacer, estaba acabada. En menos de cinco segundos, llegaba una marea de excusas y mi cerebro intentaba detenerme.

Cuando utilices la Técnica, tú también lo verás: hay una ocasión de cinco segundos entre que tu instinto inicial actúa y tu cerebro lo impide. Ver esa ocasión de cinco segundos lo cambió todo para mí. El problema estaba clarísimo. Era yo. Yo me estaba reprimiendo, cada vez, en cinco segundos.

Así que me hice una promesa a mí misma: si sabía que había algo que podía hacer para cambiar para bien, utilizaría la Técnica para darme un empujón y hacerlo *ignorando como me sentía.* Empecé a utilizar la Técnica para forzarme, no sólo a salir de la cama temprano, sino también para ir al gimnasio, para buscar trabajo, beber menos y ser una mejor madre y esposa.

Si me empezaba a sentir demasiado cansada para hacer ejercicio, hacía
    5- 4- 3- 2- 1 y me empujaba a salir de casa e ir a correr.
Si me empezaba a servir una copa que no tenía que beber, hacía
    5- 4- 3- 2- 1 y dejaba la botella de bourbon y me iba.
Si tenía la sensación de que estaba siendo desagradable con Chris, hacía
    5- 4- 3- 2- 1 y corregía el tono y me obligaba a ser más amable.
Si me pillaba procrastinando, hacía
    5- 4- 3- 2- 1 y me sentaba y empezaba a currarme el currículum.

Lo que he descubierto tiene mucho poder: el hecho de empujarte a llevar a cabo acciones sencillas crea una reacción en cadena en tu confianza y tu productividad. El hecho de empujarte a dar pequeños pasos para avanzar en la vida, hace que crees un ímpetu y experimentes una sensación de libertad y de poder que es difícil de describir con exactitud. Rachel dice que ese pequeño paso de levantarse a la hora ha desencadenado una serie de acontecimientos que la han llevado a perder 15 kilos, comprarse su primera casa y revitalizar su matrimonio.

De: Rachel

Me has ayudado a cambiar mi vida y ni siquiera nos hemos conocido. Desde que vi tu charla TED hace unos meses, he perdido 15 kilos, me he comprado mi primera casa y he revitalizado mi matrimonio. No tengo ni idea de si llegarás a ver esto (me imagino que recibes muchos correos), pero necesitaba darte las gracias por el simple reto de despertarme 30 minutos antes. Este pequeño paso ha desencadenado una serie de acontecimientos que me han cambiado por completo.

Rachel ha utilizado la palabra «revitalizar», y esto es exactamente lo que hace la Técnica. A Rebecca le pasó lo mismo. Al utilizar la Técnica para 5- 4- 3- 2- 1 y darse un empujón para dar esos pequeños pasos hacia delante, ha salido de una cárcel mental. Ha dejado de estar atrapada por la parálisis del análisis y ahora Rebecca se siente ¡LIBRE por primera vez en 47 años!

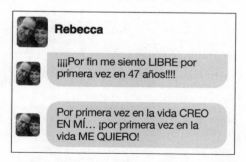

**Rebecca**

¡¡¡¡Por fin me siento LIBRE por primera vez en 47 años!!!!

Por primera vez en la vida CREO EN MÍ... ¡por primera vez en la vida ME QUIERO!

Hay un concepto muy importante en psicología que presentó Julian Rotter en 1954. Se llama «*locus* de control». Cuanto más te creas que tienes el control de tu vida, de tus acciones y de tu futuro, más feliz serás y más éxitos tendrás. Hay una cosa que te garantiza el aumento de la sensación de control sobre tu vida: una inclinación por la acción.

Olvídate de la motivación, es un mito. No sé en qué momento nos tragamos la idea de que para cambiar tienes que «sentirte» entusiasta o "sentirte" motivado para actuar. Esto son estupideces. En el momento en el que tengas que pasar a la acción, no te sentirás motivado. De hecho, no tendrás ganas de hacer nada. Si quieres mejorar tu vida, tendrás que mover el culo y darte una patada en tu propio trasero. En mi mundo, a eso le llamamos el poder del empujón.

Una de las razones por las cuales el Poder de los 5 segundos te da tanta fuerza es porque te convierte en el tipo de persona que tiene una inclinación por la acción. Si tiendes a darle demasiadas vueltas a cada paso que das, con la Técnica descubrirás la energía y la confianza necesarias para dejar de pensar y pasar a la acción. Utilizar la Técnica fortalece tu convicción de que tienes la habilidad de controlar tu propio destino, porque te lo estarás demostrando una y otra vez con cada empujón que te des.

Jenney ha conseguido tomar el control de su salud. Se dio cuenta de que cada vez que comía raviolis en lata, una bolsa de patatas y un refresco… luego se quejaba de que se sentía gorda y estaba saboteando sus esfuerzos por perder peso. Al comprometerse con el 5- 4- 3- 2- 1 SALUDABLE, Jenney consiguió utilizar la Técnica para darse esa patada en el culo que necesitaba.

> ¡Ya he empezado esta mañana! Me ha sonado el despertador y le he dado al botón de posponer, pero LUEGO me he dicho, «5- 4- 3- 2- 1 ¡YA!» y he salido de la cama.
> He tenido que ir a comprar algo para almorzar de camino a la oficina. Normalmente me cojo raviolis en lata, una bolsa de patatas y un refresco…y luego me quejo de que estoy gorda. Justo antes de entrar en la tienda me he dicho «5- 4- 3- 2- 1 SALUDABLE» y me he cogido un bocata y agua.
>
> Tengo que perder unos 40 o 45 kilos y voy a hacerlo. ¡Empiezo HOY! No me voy a esperar hasta el primer día del mes, el último día del mes, que llegue el lunes, el viernes o cualquier fecha en el futuro en la que me diga que va a funcionar. ¡Empiezo HOY y quiero agradecerte que hayas sido mi motivación/la patada en el culo que necesitaba!

Cuando Donna escuchó lo de la Técnica por primera vez en una conferencia en el Aveda Institute pensó, «Vale, sí, la utilizaré, pero no me va a cambiar la vida…». Así es como me sentía yo también, pensaba que la utilizaría solamente como un truquillo para vencer el botón de posponer. Madre mía, ¡no podía estar más equivocada! A Donna le pasó lo mismo: le cambió todos los aspectos de la vida y del negocio. Donna dice que nosotros somos los únicos que nos podemos reprimir. Es increíble ver lo mucho que me reprimía en el pasado por culpa del miedo, y hasta dónde he llegado hoy. Y lo más importante, hasta dónde veo que puedo llegar en un futuro.

 **Donna**

Cuando aún estaba estudiando en el Aveda Institute de Tallahassee, sacrifiqué un montón de cosas para poder permitirme una entrada y el viaje al encuentro de ponentes "Serious Business" («Negocios serios») en Nueva Orleans. Esas decisiones y esa determinación me cambiaron la vida radicalmente.

En "Serious Business" escuché a conferenciantes increíbles que me inspiraron justo en el punto de transición de mi trayectoria profesional. Mel habló del Poder de los 5 segundos y en ese momento pensé "Vale, sí, lo utilizaré, pero no me va a cambiar la vida…" Poco a poco empecé a utilizarlo en pequeñas tareas diarias: "quiero quedarme en la cama… ¡aj! vale 5- 4- 3- 2- 1" y salía de la cama y empezaba el día. Más adelante, subconscientemente, se convirtió en un hábito. Un hábito que me hacía crecer una seguridad personal que ni yo sabía que tenía.

* Mi jefe/mentor me ofreció ser la mentora del salón de belleza. Yo era una de las más nuevas allí y sin embargo me dieron a mí la oportunidad de enseñar nuevos productos a los miembros de nuestro equipo. ¡5- 4- 3- 2- 1-YA! A enseñar con seguridad.

* Quería ser una educadora de Aveda, y en vez de esperar a que llegara la oportunidad de asistir a las clases, hice que esa oportunidad se convirtiera en una realidad. Le pedí a mi jefe/mentor si podíamos hacer una reunión para hablar de la posibilidad, y ahora estoy apuntada a las clases y haciendo mi sueño realidad. ¡5- 4- 3- 2- 1-YA! Que no te de miedo pedirle al universo lo que quieres en la vida.

* En una conferencia de Aveda llamada "Dare to Dream" («Atrévete a soñar»), estaba sentada entre el público y mientras yo me estaba cubriendo los ojos porque me deslumbraban los focos del escenario, los conferenciantes que estaban en el escenario pensaron que me estaba ofreciendo voluntaria para hablar delante de todo el mundo. Cuando me trajeron el micro sentí pánico por un momento. ¡5- 4- 3- 2- 1-YA! Sé valiente. No digas que no a las oportunidades, aunque hayas dado con ellas sin pensarlo.

¡5- 4- 3- 2- 1-YA! Sea lo que sea que aparezca en mi camino: venga. Mi trayectoria profesional ha crecido exponencialmente al dar pasos arriesgados y atrevidos, aunque al principio me sintiera como si me hubiera caído del precipicio o como si tuviera que rezar para que alguien me rescatara. Me he dado cuenta de que cuantos más pasos atrevidos he dado y cuantas más veces no he dicho que no a las oportunidades, más seguridad he generado en mí y más fácil me ha resultado decir que sí a mi futuro. Nosotros somos los únicos que nos podemos reprimir. Es increíble ver lo mucho que me reprimía en el pasado por culpa del miedo, y hasta dónde he llegado hoy. Y lo más importante, hasta donde veo que puedo llegar en un futuro. ¡Venga! ¡Actúa! Di que sí en 5- 4- 3- 2- 1.

"Si tienes que poner algo en duda, duda de tus límites". –Mel Robbins.

A medida que utilices más y más la Técnica, empezarás a sentir la valentía, la seguridad en ti mismo, el orgullo y el sentido de control. La Técnica tiene este efecto. A menudo le digo a la gente «la Técnica te perseguirá», en serio. Y si no pregúntaselo a Darryl.

 **Darryl**

@melrobbins Mi vida está avanzando gracias al #5SecondRule. ¡Me persigue cada día, de una forma muy positiva!

Y esto es porque te darás cuenta de que has ido sonámbulo por la vida durante mucho tiempo. Algo así de sencillo, fácil y efectivo también es contagioso. Crystal la ha empezado a utilizar con su hijo:

 **Crystal**

¡Me gustó mucho tu presentación en el GetReal2016! Tienes mucha energía y vitalidad. Ya le estoy enseñando el ¡5 4 3 2 1 ya! A mi hijo de 8 años. Qué ganas tengo de ver cómo me cambia la vida… a mejor.

A la primera persona que le conté lo de la Técnica fue a mi marido. No cabía duda de que Chris se había dado cuenta de los cambios, especialmente del hecho de que mi actitud cascarrabias se estaba difuminando y que realmente estaba siendo proactiva. No me costó demasiado convencerle de que había encontrado un «arma secreta» que él se estaba perdiendo.

Puso en marcha la Técnica y la utilizó para hacer grandes cambios. Dejó la bebida, empezó a meditar a diario y a hacer ejercicio cada mañana. La Técnica no hace que estas cosas sean fáciles; simplemente hace que sucedan. Es por eso que la describo como una herramienta.

En vez de evitar las llamadas de los acreedores y las cartas de quiebra, 5- 4- 3- 2- 1 las afrontamos de frente. Utilicé el 5- 4- 3- 2- 1 para darme un empujón y contactar con antiguos clientes de *coaching* para acelerar el motor de contactos. Utilicé el 5- 4- 3- 2- 1 para propulsarme a ir a entrevistas para hacer de presentadora en la radio, aunque tuviera los problemas con el contrato de la FOX. Juntos, 5- 4- 3- 2- 1, nos obligamos a quedar con nuestros contables y asesores financieros para reestructurar nuestra deuda y llevar a cabo la repugnante labor de afrontar el agujero que habíamos cavado, y marcarnos la disciplina de ir saliendo poco a poco de ese pozo.

Chris aplicó la Técnica en su negocio para darse un empujón y poder superar el miedo, la culpa y la incertidumbre. Él y su socio quedaron con docenas de asesores, valoraron modelos económicos, trabajaron día y noche hasta que cerraron el negocio de venta al por mayor e hicieron crecer sus locales de venta al por menor, lo cual les permitió venderse algunos locales y pagar la deuda a tantos inversores y acreedores como pudieron. Es increíble lo que hicieron Chris y Jonathan. Con agallas, mucho trabajo y compromiso. Se esforzaron mucho mucho, pero que mucho.

Hasta el día de hoy, cuando Chris recuerda su época en los restaurantes, su mente le lleva a pensar que fue un fracaso. Cuando se da cuenta de que está teniendo estos pensamientos negativos, utiliza el 5- 4- 3- 2- 1 para redirigir la mente y pensar en lo que ha construido: siete restaurantes, una cultura del empleado increíble, millones en ingresos y una marca extraordinaria. ¿Fue como lo había soñado? No. Pero lo que aprendió acerca de hacer negocios, de trabajar en equipo y acerca de él mismo durante el proceso, vale más de lo que el dinero podría pagar.

No hay nada que tenga más poder que la sensación de confianza y orgullo que ganas cuando sigues luchando para tirar adelante, para afrontar los retos que te plantea la vida y lo que te esfuerzas para cambiar a mejor. Tal y como dice Chris, «la Técnica me ayudó a procesar la experiencia de triunfar y de fracasar en todos sus colores. Básicamente, esta consciencia me dio el poder y el control sobre mis pensamientos positivos y negativos».

Cuando empezamos a reconectar con nuestros amigos, la Técnica salía en las conversaciones a menudo. Ya te darás cuenta. Jennifer descubrió la Técnica y se la explicó a su enfermera. ¿Cuál fue la respuesta de la enfermera? Ni te imaginas la cantidad de veces que voy a tener que hacer esto cada día.

**Jennifer**

Estaba hablando con mi enfermera sobre mi maravilloso viaje a Nashville y le he contado lo de la técnica del 5- 4- 3- 2- 1 de Mel Robbins: le ha fascinado la idea y va a empezar hoy mismo. Me dice «Ni te imaginas la cantidad de veces que voy a tener que hacer esto cada día». #54321 #hazlo #selaanimadoradealguien #motiva #conquistatusmiedos

La Técnica enciende la chispa de algo poderoso en el interior de todo el mundo que la pone a prueba. Una de nuestras amigas tuvo el valor de pedir el divorcio y otra dejó su trabajo en una consultoría por otro trabajo que no requiriera viajar. Un compañero del trabajo perdió 33 kilos y mi tío dejó de decir que dejaría de fumar y, finalmente, lo dejó. Un amigo de Chris se mudó de vuelta a Maine y utilizó la Técnica para negociar un puesto de trabajo fenomenal en el que podía trabajar a distancia.

#5SecondRule les dio a todos lo que me dio a mí: las bases, la valentía y el método de CÓMO darte un empujón para cambiar.

La primera vez que compartí la Técnica en público fue en 2011 en una charla TEDx titulada «Cómo dejar de machacarte a ti mismo». Lo más gracioso es que esa conferencia estaba basada principalmente en mi sueño (de aquel entonces) de convertirme en la presentadora de radio del mejor programa de entrevistas y de ayudar a la gente a vivir la vida que realmente querían vivir. En esa conferencia mencioné #5SecondRule justo al final del discurso y casi ni la expliqué. Lo que pasó a continuación fue increíble. La conferencia se hizo viral. Millones de personas la vieron por internet. Y esto no es todo. Me empezaron a escribir.

Cada día recibo mensajes de gente de todo el mundo que está utilizando la Técnica. Gente como Mark, que en tan solo seis meses, ha conseguido cambios extraordinarios utilizando la Técnica:

**Fujifocus** Quería decirte que con la ayuda del P5S y de tu inspiración, he hecho muchísimo en los últimos seis meses. Como por ejemplo que estoy en el proceso de doblar mi negocio en dos años, estoy escribiendo un libro sobre el negocio de las ventas y otro de «100 días fuera de mi zona de confort», he encontrado y estoy con una mujer que va más allá de mis sueños @amyazzarito, he estrechado la relación con mis hijos y me estoy planteando irme a explorar el mundo.

Qué pasada. Hasta hoy, más de 100.000 personas de más de 80 países me han escrito para explicarme sus experiencias al utilizar la Técnica. A medida que más y más gente me escribía para hacerme preguntas y pedirme más información, empecé a investigar la Técnica en profundidad para poder explicar mejor todas las maneras de utilizarla y demostrar por qué funciona. Yo soy abogada de profesión, así que realmente se me fue la olla a la hora de buscar. Busqué precedentes, pruebas y orientación como si tuviera que demostrar mi caso de #5SecondRule ante un jurado.

Tardé casi tres años. Leí todo lo que había publicado sobre el tema del cambio, de la felicidad, de los hábitos, la motivación y el comportamiento humano. Leí experimentos de ciencias sociales, investigaciones sobre la felicidad, libros sobre el cerebro y estudios de neurociencia. No limité mi búsqueda a los «expertos»: enviaba mis cuestionarios a gente normal y corriente como tú o como yo, que utilizaban la Técnica. Luego seguí con el teléfono, con Skype y el chat de Google y hurgué en las experiencias con las que se enfrenta la gente en el momento que elige cambiar, paso a paso.

A medida que deconstruía el momento del cambio, descubrí algo fundamental acerca de la manera en la que cada uno de nosotros tenemos amueblada la cabeza. Justo antes de hacer algo que nos parece difícil, que nos da miedo o que nos provoca incertidumbre, dudamos. La duda es el beso de la muerte. Puede que dudes solo un nanosegundo, pero con eso ya basta. Esa pequeña duda desencadena un sistema mental que está diseñado para frenarte. Y esto pasa en menos de (sí, lo has acertado) cinco segundos.

¿Te has dado cuenta alguna vez de lo rápido que el miedo y las inseguridades toman el control de tu cabeza y empiezas a encontrar excusas para no decir o hacer algo? Nos reprimimos en los momentos más pequeños y mundanos del día a día y esto tiene un impacto en todo. Si rompes este hábito de dudar y encuentras la valentía para pasar a la acción, te sorprenderás de lo rápido que te cambia la vida. Esto es lo que descubrió Keith después de conocer la Técnica en una convención de los empleados de la empresa inmobiliaria RE/MAX. Ahora puede hacer cosas extraordinarias.

>  **Keith Pike** Mel, la primera vez que escuché tu nombre fue en 2015. Luego, en febrero de 2016 tuve el placer de verte en directo en la convención de RE/MAX en las Vegas. Me has inspirado para poder hacer cosas extraordinarias. Simplemente tenía que romper mis esquemas y pasar a la acción. En 18 meses he logrado un éxito increíble: he abierto 3 oficinas y he contratado a más de 50 agentes en Arkansas. Se acabaron las dudas, se acabó la procrastinación. Cuando paso a la acción recibo un empujón que me lanza hacia mi objetivo. Una gran tarea de repente se convierte en algo manejable. Lo más difícil es empezar. Gracias por compartir tu historia y motivarnos a ser la mejor versión de nosotros mismos.

Lo ves, lo que define nuestra vida no son los grandes cambios, sino los más pequeños. Dejando de pensar durante cinco segundos, habrás decidido que no quieres pasar a la acción con esas pequeñas cosas. Con el tiempo, esas pequeñas decisiones se amontonan. Y esta es la cuestión: hemos repetido tanto este patrón de dudas, de preocupaciones y de cuestionarnos tanto, que estas acciones ya han pasado a ser hábitos que hemos codificado en nuestro cerebro.

El hecho de que las dudas, las censuras que te haces y lo de darle demasiadas vueltas a las cosas sean hábitos, son buenas noticias. Existe una manera sencilla y demostrada para romper con los malos hábitos o para reemplazarlos, y #5SecondRule es la forma más fácil de hacerlo. Cuando te pongas a leer acerca de los ciclos de costumbres, de los rituales de iniciación, de la energía de activación y acerca del papel que juegan los sentimientos a la hora de crear decisiones, valorarás la magnitud de #5SecondRule. A medida que utilices la Técnica, verás cómo los cambios dependen de decisiones en cinco segundos y con qué facilidad puedes recuperar el control.

La Técnica funcionará cada vez que la utilices. Pero tienes que utilizarla. Es una herramienta. Si dejas de usarla, el miedo y la incertidumbre volverán a colarse en tu interior y tomarán el control de tus decisiones. Si te pasa esto, simplemente vuelve a utilizar la Técnica.

A medida que vayas utilizando la Técnica experimentarás un cambio dentro de ti que es mucho más profundo, una transformación que afectará a tu confianza y a tu fuerza interior. Te enfrentarás a las excusas, hábitos, sentimientos, inseguridades y miedos que te han perseguido durante años. Verás la de sandeces por las que pasabas cada día y la gran cantidad de tiempo valioso que perdías esperando a que las cosas cambiaran.

Al utilizar la Técnica, acabarás con la espera. Te fascinará la gran cantidad de alegría y libertad que sientes al tomar decisiones de cinco segundos. Libertad es exactamente como Robin describe lo que ha sacado al usar la Técnica.

**Robin**

@melrobbins gracias por #5SecondRule, me ha cambiado la vida. Cuando pasas a la acción, encuentras libertad.

**Robin**

@melrobbins mi pasión y visión para marcar la diferencia son enormes. Mi confianza a veces disminuye. Cuando tengo dudas, aplico #5SecondRule #BizPridePiper

Y esto es lo que yo también he ganado: una libertad que me ha cambiado la vida. La persona que era hace siete años… ya no está. Y esto es algo bueno. Cada fase de tu vida y de tu trayectoria profesional requerirá una versión diferente de ti. Al utilizar la Técnica, te conviertes en la persona que debes ser en la nueva fase de la vida.

Así que, ¿qué te parece si hurgamos un poco en los conceptos básicos de la Técnica para que puedas empezar a utilizarla?

**Mel Robbins** ✔️
@melrobbins

Para saber lo que tienes que hacer para mejorar tu vida, necesitas sabiduría. Para esforzarte y hacerlo, necesitas valentía. #5SecondRule

# CAPÍTULO CUATRO

# POR QUÉ FUNCIONA EL PODER DE LOS 5 SEGUNDOS

«PUEDES ESCOGER VALENTÍA O PUEDES ESCOGER

COMODIDAD, PERO NO PUEDES TENER LAS DOS COSAS.»

BRENÉ BROWN

A lo largo de los años he recibido montones de preguntas sobre #5SecondRule. Me gustaría empezar la presentación de cómo utilizar la Técnica respondiendo a algunas de las preguntas más frecuentes que me han hecho acerca de esta asombrosa herramienta.

## ¿Qué es la Técnica de los 5 segundos exactamente?

La Técnica es una herramienta metacognitiva sencilla y certificada científicamente que crea un cambio inmediato y duradero en el comportamiento. Por cierto, la palabra *metacognición*, es solo una manera elegante de describir cualquier técnica que te permita vencer a tu cerebro para cumplir mayores objetivos.

## ¿Cómo utilizo la Técnica?

La Técnica es muy fácil de utilizar. Cuando sientas que se te aviva el instinto de actuar para acercarte a un objetivo o a una promesa, o cuando sientas que dudas de si hacer algo o no, y sabes que deberías hacerlo, utiliza la Técnica.

Empieza contando hacia atrás por dentro: 5- 4- 3- 2- 1. El hecho de contar te ayudará a concentrarte en el objetivo o en la promesa, y te distraerá de las preocupaciones, pensamientos y miedos que te ronden por la cabeza. Cuando llegues al «1», muévete. Eso es todo. Es sencillo, pero déjame machacarlo una vez más. Cuando haya algo que *sepas que tienes que hacer*, pero que tienes dudas, miedo, o te sientes agobiado… toma el control haciendo una cuenta atrás 5- 4- 3- 2- 1. Esto acallará tu mente. Luego, cuando llegues al «1», muévete.

Contar y moverte son acciones. Si aprendes a pasar a la acción en las situaciones en las que, normalmente, te detendrías a pensar, puedes crear cambios extraordinarios. Una cuenta atrás te proporciona varias cosas a la vez: te distrae de tus preocupaciones, centra tu atención en lo que tienes que hacer, te motiva a actuar e interrumpe el hábito de dudar, de pensar demasiado y de reprimirte.

Si te estás preguntando si la Técnica funciona al contar hacia delante 1-2-3-4-5, en vez de atrás 5- 4- 3- 2- 1, la respuesta es que no, no funciona. Y si no, pregúntaselo a Trent.

 **Trent Kruessel**

Mel,

En relación a la técnica de los 5 segundos, también me he dado cuenta de que no funciona si cuento del 1 al 5. Si lo hago, tengo la tentación de decir "6" y luego se detiene la acción. Tengo que hacer la cuenta atrás desde el 5 al 1 porque la siguiente palabra que me viene a la cabeza (después del 1) es "ACCIÓN". Y esa palabra es puro movimiento.

Esta es mi aportación.

Tal y como descubrió Trent, si cuentas hacia delante, puedes seguir contando. Cuando cuentas hacia atrás 5-4-3-2… no te puedes escapar a ninguna parte después de llegar al «1», así que te motiva a moverte.

## ¿Por qué se llama #5SecondRule?

Me lo preguntan mucho. Y ojalá tuviera una respuesta mejor. Lo llamé #5SecondRule porque es lo primero que me vino a la cabeza esa mañana en la que la utilicé por primera vez, y se me pegó el nombre. Te acuerdas que te he contado que vi un cohete despegar la noche anterior y pensé, «Mañana me despegaré de la cama... ¡como un cohete!». A la mañana siguiente, hice una cuenta atrás 5- 4- 3- 2- 1, porque esto es lo que hace la NASA cuando lanza una nave espacial. No había ninguna razón en particular por la que empezara a contar a partir de 5, simplemente pensé que era una cantidad de tiempo razonable para darme a mí misma.

Con el tiempo he descubierto que hay muchas otras «técnicas de los 5 segundos» en el mundo, como esa de comerse comida que acaba de caer al suelo, los cinco últimos segundos del reloj de tiro en los partidos de baloncesto, y el test de cinco segundos que puedes hacer para ver si la acera está demasiado caliente para sacar tu perro a pasear.

Si hubiera sabido que la Técnica se extendería por todo el mundo, me hubiera inventado un nombre más original. Pero en retrospectiva, todas esas técnicas de 5 segundos tienen algo en común. Hacen que te muevas físicamente antes de cinco segundos.

El movimiento físico es la parte más importante de mi Técnica, también, porque cuando te mueves, tu fisiología cambia y tu mente va de la mano. A lo mejor el nombre no solamente es oportuno, sino que es perfecto porque hace referencia a otras ocasiones de cinco segundos en la vida, y esto hace que te sientas más próximo a la Técnica, que te resulte algo más universal y auténtico.

## La Técnica se parece mucho al eslogan de Nike «Just Do It» («Simplemente, hazlo») ...

La diferencia entre el «Just Do It» y #5SecondRule es sencilla. «Just Do It» es un concepto, es lo que tienes que hacer. #5SecondRule es una herramienta, es el cómo consigues motivarte para hacerlo.

Hay una razón por la cual «Just Do It» es el eslogan más famoso del mundo y todas las culturas se ven reflejadas en él. ¿Sabes qué es lo que hace que este eslogan tenga tanta fuerza? Es la palabra «JUST», «SIMPLEMENTE».

La palabra SIMPLEMENTE está colocada allí porque Nike reconoce algo de lo que hemos hablado mucho en este libro: justo antes de actuar, primero paramos y pensamos. «Simplemente, hazlo», reconoce que todos estamos batallando para esforzarnos y ser mejores y hacer las cosas mejor. Todos dudamos y luchamos con nuestros sentimientos antes de tirarnos a la piscina. La palabra SIMPLEMENTE nos dice que no estamos solos. Todos nosotros tenemos esas pequeñas dudas.

Es el momento justo antes de preguntar si te puedes unir a una conversación que ya ha empezado, o el momento en el que no sabes si hacer una tercera serie de repeticiones de sentadillas o no, o el momento en el que te empiezas a plantear si saldrás de casa para ir a correr bajo la lluvia.

El eslogan reconoce que tienes excusas y miedos, y Nike te anima a estar por encima. *Venga… no te lo pienses… SIMPLEMENTE, HAZLO. Ya sé que estás cansado… SIMPLEMENTE, HAZLO. Sé que tienes miedo… SIMPLEMENTE, HAZLO.*

El eslogan de Nike te da un empujón para que superes esa duda y entres en el juego. Nike sabe que hay grandeza en ti, y que esta se halla al otro lado de tus excusas. Nos vemos muy reflejados en este eslogan porque todos y cada uno de nosotros, incluso un atleta olímpico, necesitamos un EMPUJÓN. Y aquí es donde entra en juego #5SecondRule: la Técnica es el *cómo* te das el empujón cuando no tienes un entrenador, un contrincante, un padre, un fan o un compañero de equipo que te lo dé. Con la Técnica, simplemente 5- 4- 3- 2- 1 y te das tú mismo el empujón.

## ¿Hay una oportunidad de cinco segundos para todo el mundo?

Sí. Hay una oportunidad para todo el mundo entre el momento en el que tienes el instinto de cambiar y el momento en el que tu mente ahoga ese instinto. Mientras tu cabeza empieza a trabajar en contra tuyo en nanosegundos, la cortina de pensamientos y excusas no empieza a dar guerra y a detenerte hasta dentro de unos segundos. La oportunidad de cinco segundos parece que le funciona a todo el mundo.

De todas formas, pruébalo y haz que te funcione a ti. Personalmente, tengo la sensación de que cuanto más rato espero entre mi impulso inicial de actuar y moverme físicamente, más peso ganan las excusas y más difícil resulta obligarte a mover. Tal y como dice Angela, las decisiones de cinco segundos se convertían en 50 segundos y luego 500 segundos cuando el miedo crecía. Actualmente, ella trata #5SecondRule como si su cerebro fuera a autodestruirse al llegar a cero:

 **Angela Rae Hughes** Estaba allí y tengo que darte las gracias por tu discurso. Ahora ya estoy de vuelta en casa, en Seattle y quiero que sepas que me has motivado a pasar a la acción en algo que llevo tiempo aplazando por culpa de mi bajísima autoestima y el miedo a fracasar. Tengo la sensación de que he utilizado la técnica de los 5 segundos toda la vida sin saberlo… pero también me he dado cuenta de que esos 5 segundos se convertían en 50 segundos y luego en 500 segundos así que ahora he decidido tratar el #5SecondRule como si, al llegar a cero, mi cerebro fuera a «autodestruirse» (porque no sé darle una explicación mejor), así que tengo que ¡DAR EL PRIMER PASO! Muchas gracias, Mel Robbins, por tu sabiduría.

Si a ti te va mejor acortar o ampliar el margen de oportunidad, personaliza la Técnica para que te funcione.

Matt, un buen amigo de mi marido y mío, se estaba entrenando para su primera carrera de resistencia. Él vive en Nueva Jersey y le mandó este mensaje a mi marido durante el gélido invierno. Había reducido la técnica a tres segundos porque se dio cuenta de lo rápido que su mente quería detenerle.

*«Dile a tu novia Mel que me está funcionando lo de la ténica de los 5 segundos. La he reducido a tres segundos. ¿Por qué darle vueltas a las complejidades de la vida cuando puedes estar avanzando después de solo 3 segundos? En 5 segundos se me pueden ocurrir como mínimo 2 excusas. En tres segundos mi mente ya le ha dado al primer botón en el teléfono para encontrar alguna excusa. Cuando me he despertado esta mañana, he cometido el error de mirar el termómetro. He tardado dos segundos, pero en el tercer segundo me he empezado a poner las zapatillas.»*

Así es como funciona tu cerebro: cuantas más vueltas le das a algo, menos ansias tienes de actuar. Somos increíbles a la hora de tomarnos el pelo para quedarnos allí donde estamos. Tan pronto nos llega el impulso de actuar, empezamos a racionalizarlo y a echarlo fuera. Por eso te tienes que mover rápido, para que puedas liberarte de tus excusas antes de que te atrape la mente.

## ¿En qué ámbitos la puedo aplicar?

Con los años, hemos escuchado miles de ejemplos de gente que utiliza la Técnica para mejorar su vida, sus relaciones, su felicidad y su trabajo. Pero cada ejemplo se puede colocar en alguna de estas tres categorías dependiendo de cómo se utiliza la Técnica.

- ### Puedes utilizarla para cambiar tu comportamiento

Puedes utilizar la Técnica para darte un empujón y crear nuevos hábitos, alejarte de hábitos perjudiciales y dominar las habilidades de autocontrol y autovigilancia para que puedas poner más intención y efectividad en tus relaciones, contigo y con los demás.

- ### Puedes utilizarla para actuar con valentía en el día a día

Puedes utilizar la Técnica para descubrir la valentía que necesitas para hacer cosas nuevas, que te dan miedo o que te provocan incertidumbre. La Técnica silenciará tus inseguridades y te hará ganar confianza a medida que te vayas esforzando para perseguir tus pasiones, compartir tus ideas en el trabajo, ofrecerte voluntario en proyectos ambiciosos, crear tu arte o convertirte en un mejor líder.

- ### Puedes utilizarla para controlar tu mente

Puedes utilizar la Técnica para eliminar la cortina de pensamientos negativos y preocupaciones interminables que te hunden. También puedes romper el hábito de la ansiedad y vencer cualquier miedo. Cuando tomas el control de tu mente, puedes pensar en cosas que te aportan felicidad, en vez de centrarte en lo negativo. Y esta, desde mi punto de vista, es la manera más poderosa de utilizar la Técnica.

## ¿Por qué funciona una cosa tan simple?

La Técnica funciona precisamente porque es muy simple. Tu cerebro ahoga las ansias de actuar usando miles de fórmulas complicadas. Muchos de mis investigadores, catedráticos y pensadores favoritos han escrito superventas y han dado conferencias TED extraordinarias detallando cómo nuestras mentes nos traicionan con una lista interminable de triquiñuelas que incluyen sesgos cognitivos, la paradoja de la elección, el sistema inmunitario psicológico y el efecto epicentro. Lo que todos estos maravillosos investigadores me han enseñado es que en el momento en el que quieres cambiar, romper un hábito, o hacer algo difícil o que te da miedo, tu cerebro se pone en marcha para detenerte.

Básicamente, tu cabeza te enreda y hace que le des vueltas a las cosas. Y en el momento en el que te enrede para que lo hagas, quedarás atrapado en tus pensamientos. Tu mente tiene miles de maneras de disuadirte para que no actúes. Esta es la razón neurológica por la cual es tan difícil cambiar. Tal y como he comentado en el primer capítulo, cambiar requiere que hagas cosas nuevas, cosas que te provocan incertidumbre, o que te dan miedo. Tu cerebro, por naturaleza, no te dejará hacer tales cosas. Tu cerebro teme las cosas que te provocan incertidumbre, miedo o que son nuevas, así que hará lo posible para disuadirte de que las hagas. Forma parte de cómo tenemos los cables conectados, y estas dudas llegan muy rápido. Es por eso que tienes que actuar aún más rápido para vencerlas.

La Técnica utiliza esta ventaja, y es un ejemplo de algunos potentes principios demostrados de la psicología moderna: una inclinación hacia la acción, *locus* de control interno, flexibilidad de comportamiento, el principio de progreso, rituales de iniciación, la regla de oro para el cambio de hábitos, auténtico orgullo, acción deliberada, «organización Y-si-después» y energía de activación. A lo largo de este libro, profundizarás tus conocimientos de estos principios a medida que vayamos entrando en detalle en cómo utilizar la Técnica en campos determinados de tu vida.

## ¿Cómo puede ser que una técnica funcione en tantos aspectos de la vida?

El Poder de los 5 segundos solo funciona con una cosa: CONTIGO. Eres tú quien pone el freno de mano cada vez que podrías cambiar. Dudas, luego piensas demasiado y te encierras en una cárcel mental.

Las dudas son matadoras. El hecho de dudar manda señales de estrés a tu cerebro. Es un toque de atención que señala que algo va mal y tu cerebro se pone en modo protector. Esta es la programación mental que nos lleva al fracaso. Párate un momento a pensarlo.

No siempre dudas. Por ejemplo, no dudas cuando te sirves una taza de café por la mañana. No dudas cuando te pones vaqueros. No dudas cuando enciendes la tele. No dudas cuando llamas a tu mejor amigo. Ni te lo piensas. Simplemente tienes el instinto de llamar a tu amigo, coges el teléfono y lo llamas. Pero cuando dudas justo antes de hacer una llamada para vender algo, o le respondes un mensaje a alguien, tu cerebro piensa que algo va mal. Cuanto más pienses en esa llamada comercial, es menos probable que la hagas.

La mayoría de nosotros ni nos enteramos de la frecuencia con que dudamos porque lo hemos hecho tantas veces que se ha convertido en un hábito. Así es como lo describió Tim después de utilizar la Técnica:

*«Sinceramente, creo que la Técnica tiene mucho poder simplemente porque mantener tus pensamientos a raya te permite procesar y empezar actividades que, normalmente, te pasarían por alto e ignorarías. También me repito "Qué diablos, voy a por ello". Así que es poderosa porque te ayuda a romper los patrones de pensamiento oficialmente incrustados y te permite (o por lo menos, a mí) "ir a por ello" de forma segura. En serio, ¿cómo puede ser que tuviera miedo de hacer algunas de las cosas que estoy haciendo ahora? Tampoco se hubiera acabado el mundo con lo que hacía o dejaba de hacer».*

Pero lo que aprenderás pronto es que el momento de dudas también se puede utilizar como una ventaja. Cada vez que te pilles dudando, ¡es un momento para darte un empujón! La ocasión de los cinco segundos empieza y es el momento de 5- 4- 3- 2- 1 para darte un empujón hacia delante y vencer las excusas.

Visualizar la cuenta atrás del 5- 4- 3- 2- 1 te puede servir como un fantástico recordatorio de la Técnica y de su importancia. Art colgó los números en la pared de su oficina para mantenerse motivado y avanzar todo el día en el trabajo:

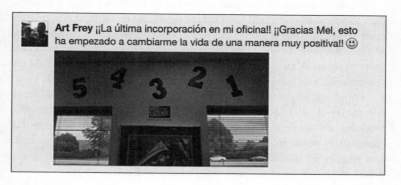

**Art Frey** ¡¡La última incorporación en mi oficina!! ¡¡Gracias Mel, esto ha empezado a cambiarme la vida de una manera muy positiva!! 😊

## ¿La Técnica también puede crear un cambio duradero en el comportamiento?

La Técnica vencerá el sistema operativo del cerebro para ayudarte a ganar la batalla a la resistencia del momento. Pero ¿sabes qué? Con el tiempo, si vas repitiendo la Técnica, acabarás con todo ese sistema. Una cosa de la que la mayoría de nosotros no nos damos cuenta es que los patrones de pensamiento sobre cómo preocuparse, tener la autoestima baja y tener miedo son solo hábitos. Repetimos esos patrones de pensamiento sin darnos cuenta. Si todo lo que haces para sabotear tu felicidad es un hábito, esto significa que, con la ayuda de los estudios más recientes, puedes romper los hábitos de:

Esperar
Dudar
Reprimirte
Quedarte callado
Sentirte inseguro

Evitar
Preocuparte
Pensar demasiado

Existe una «regla de oro para el cambio de hábitos» y es muy sencilla: para poder cambiar cualquier mal hábito, tienes que reemplazar el patrón de comportamiento que repites. Te lo voy a explicar más detalladamente en la 4ª Parte del libro. Te voy a enseñar cómo romper con los hábitos mentales de preocupación, ansiedad, pánico y miedo, utilizando #5SecondRule en combinación con los estudios más recientes.

Por ahora, lo que necesitas saber es que #5SecondRule y el truco de la cuenta atrás, 5- 4- 3- 2- 1-YA, se convertirán en tu nuevo patrón de comportamiento. En vez de reprimirte, harás 5- 4- 3- 2- 1 para tirar adelante. La cuenta atrás tiene otro nombre para los científicos: «Ritual de iniciación». Los rituales de iniciación interrumpen los patrones negativos que tienes preestablecidos e impulsan patrones nuevos y positivos.

Si dominas la Técnica, reprogramarás tu mente. Te enseñarás nuevos patrones de comportamiento. En vez de tener la actitud predeterminada de preocuparte, dudar y tener miedo, te darás cuenta de que actúas automáticamente con valentía. Con el tiempo, a la que hayas dado más y más pasos hacia delante, descubrirás algo más: que realmente tienes confianza y orgullo en ti. De ese tipo de confianza y orgullo tan auténtico que logras cuando honras tus objetivos y consigues pequeñas victorias que son importantes para ti.

Todas aquellas cosas que piensas que son inamovibles, incluyendo tus hábitos, tu mentalidad y tu personalidad, son flexibles. Y las consecuencias que tiene esto en tu vida son fascinantes. Puedes cambiar tu configuración mental «por defecto» y tus hábitos con cada decisión de cinco segundos que tomes. Esas pequeñas decisiones van sumando hasta convertirse en enormes cambios en la persona que eres, en cómo te sientes y en cómo vives.

Cambia tus decisiones y cambiarás tu vida. ¿Y qué es lo que te va a ayudar más a cambiar tus decisiones? La valentía.

Si tienes la valentía para empezar, tienes la valentía para triunfar.

# PARTE 2

# EL PODER DE LA VALENTÍA

# CAPÍTULO CINCO

# LA VALENTÍA DEL DÍA A DÍA

«CON LOS AÑOS HE APRENDIDO QUE

CUANDO ALGUIEN TOMA UNA DECISIÓN, SU MIEDO SE APAGA.

SABER LO QUE TIENES QUE HACER ELIMINA EL MIEDO.»

ROSA PARKS

Antes de descubrir #5SecondRule, si me hubieras pedido que te diera ejemplos de valentía, te hubiera dado una lista de personas que han hecho historia. Ni se me hubiera ocurrido que valentía es lo que se necesita algunos días para salir de la cama, para hablarle a tu jefe, para coger el teléfono o para subirte a una báscula. Te hubiera dicho que la palabra valentía se utiliza para describir actos de enorme valor.

Desde mi punto de vista, las personas valientes eran ganadores de premios Nobel como Malala Yousafzai, Leymah Gbowee, Dalai Lama, Aung San Suu Kyi, Nelson Mandela y Elie Wiesel. Habría pensado en Winston Churchill e Inglaterra plantándole cara a los nazis alemanes, en Rosa Parks plantando cara para defender su derecho de poder quedarse en el autobús y Muhammad Ali manteniéndose firme en sus creencias religiosas y negándose a luchar en Vietnam. Me habría acordado de Helen Keller, que se sobrepuso a sus propias discapacidades para avanzar en los derechos de otros; de sir Ernest Shackleton, que, contra todo pronóstico, logró rescatar la tripulación del *Endurance*; o de Galileo, que desafió a la Iglesia católica para avanzar en la ciencia.

Pero después de siete años utilizando la Técnica y escuchando tantas historias de gente de todo el mundo, he aprendido una verdad importante: el día a día está lleno de momentos que dan miedo, provocan incertidumbre y son difíciles. Afrontar esos momentos y liberar la oportunidad, la magia y la alegría de la vida, requiere una valentía extraordinaria.

Y la valentía es precisamente lo que te proporciona #5SecondRule. La Técnica le dio valentía a Jose para creer en su valor y pedir un aumento.

Ibelieveinjose He tomado una decisión en 5 segundos o menos; Hablar con mi jefe para que me diera un merecido aumento. Fuí decidido a demostrarle lo mucho que valgo. Me dio un aumento de 2 dólares/hora.

Cuando ya lo había pedido y se lo habían concedido, tenía una sorpresa esperándole en su próxima nómina: un aumento mayor.

> ¡Qué alegría tan inesperada! Qué reconocimiento más bueno. Muchas gracias. Yo también te quiero. Los del banco me han sorprendido una semana más tarde. Cuando he mirado mi cheque, me habían añadido un dólar. ¡Haciendo que mi aumento fuera de un total de 3 dólares/hora! Qué sorpresa. Me he acordado de lo que me dijo durante nuestra conversación, "vales demasiado", y sin dudarlo me concedió el aumento de 2 dólares/hora que había pedido. La lectura y la filosofía me han dado la valentía y el equilibrio. Muchas gracias de nuevo. ¡Muchísima suerte! Estoy aquí si  me necesitas.
> Tu amigo, Jose

A Bryce, la Técnica le proporcionó la valentía para invertir dos años en escribir y publicar un libro de cocina. Y esto no es todo. Hizo una sesión de firma de ejemplares en Barnes and Nobel, la mayor librería de Estados Unidos. Tal y como dice Bryce, puedes conseguir cualquier cosa que te apasione y por la que estés dispuesto a esforzarte.

 **brycepalmyra**

**brycepalmyra** Después de dos años de dedicación y trabajo duro, he publicado mi primer libro de cocina, Things to Bring my Family When I Die («Qué traerle a mi familia cuando me muera»). Pero quiero ir más allá, quiero contárselo a Mel Robbins, motivadora, coach y analista legal para la CNN. Pocos segundos más tarde he empezado a escribir un correo que me cambiará la vida. Eres fantástica, Mel. El mundo necesita más gente como tú que nos enseñe a querer tocar las estrellas. #5SecondRule

¿Quieres saber lo que mola aún más? ¡Bryce tenía solo quince años entonces!

La Técnica ayudó a Martin a acabar con nueve años de una excusa tras otra con el freno de mano puesto, y volver a estudiar y ponerse manos a la obra con un segundo máster que le daría una trayectoria profesional más satisfactoria.

---

Asunto: TEDx: Cómo dejar de machacarte a ti mismo

Mensaje: Hola Mel,

Acabo de ver tu presentación en TedX esta tarde y me ha parecido divertida, reveladora y sobre todo, me ha dado mucho en lo que pensar.

A los treinta me gradué en la universidad y desde entonces he sufrido problemas de depresión y ansiedad. Llevo el freno de mano puesto desde hace 9 años inventándome una excusa tras otra para no ponerme manos a la obra con un master que hace tiempo que quiero hacer. Desde entonces me he quedado atascado con rutinarios trabajos administrativos.

He seguido tu consejo, he reencontrado mis antiguos libros de texto, les he sacado el polvo, he repasado los estudios que hice hace tiempo y me he empezado a mirar en internet a ver si hay algún master que me convenza.

Gracias por darme la patada en el culo que necesitaba. Sé que estoy en la base de la montaña y que apenas he dado mis primeros pasos. Sé que voy a tropezar, pero ahora conozco a personas inspiradoras como tú a las que puedo recurrir cuando necesite levantarme y seguir andando.

Muchas gracias.

---

Juanita aprendió a escuchar su sabiduría interior. En vez de pensar en buscar trabajo y pensar en la empresa que le había recomendado una amiga, cogió el teléfono y llamó en ese mismo instante. ¿Y a que no sabes qué consiguió? Pues exactamente lo que había querido: el trabajo de sus sueños.

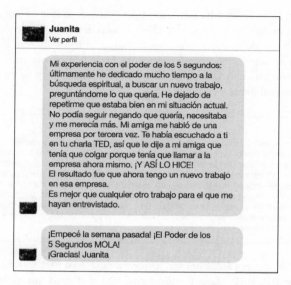

El hecho de conocer #5SecondRule fue un punto de inflexión para Gabe. Después de darse cuenta de que él era el responsable de todo lo que le pasaba en la vida, Gabe utilizó la Técnica para cambiar su vida empezando con su empresa de Realidad virtual. Hoy, está trazando la trayectoria profesional de sus sueños.

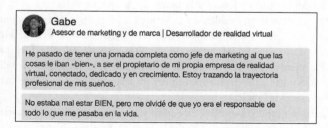

La vida de Kristin ha cambiado para siempre porque su novio ahora tiene una manera de combatir su adicción a las drogas. Cuando siente que tiene el deseo de volver a una de esas drogas, utiliza #5SecondRule para combatir su adicción y controlar su mente. Hace una cuenta atrás 5- 4- 3- 2- 1 en voz baja para desatar un nuevo comportamiento, y su mentalidad cambia radicalmente y emprende el día.

> Hola,
> Te vi en la reunión anual de Scentsy Family el verano pasado. Yo estaba en el público con mi novio. La historia va más sobre él que sobre mí. Nos has cambiado la vida para siempre con la técnica del 5- 4- 3- 2- 1. Él se está recuperando de una drogadicción, sobre la cual la mayoría de gente no tiene ni idea. Bueno, finalmente dejó todas las drogas que tomaba justo antes de irnos de viaje a Nashville, donde te vimos. Desde ese día utiliza la técnica del 5- 4- 3- 2- 1 cada vez que tiene deseos de volver a una de esas drogas. Se lo dice en voz baja, y su mentalidad cambia radicalmente y emprende el día. Gracias de todo corazón, gracias por compartir tu historia.

La valentía es, efectivamente, lo que necesitaba yo para levantarme. Era aterrador salir de la cama porque significaba que tenía que afrontar mis problemas. Me costaba mirarme en el espejo y aceptar el hecho de que tenía cuarenta y un años, y que mi vida y mi trayectoria profesional estaban en un estado lamentable. Era abrumador pensar que a lo mejor no podría arreglar la situación en la que nos encontrábamos mi marido y yo.

Valentía es lo que necesita mi hija para dejar el boli en su clase de historia del instituto y levantar la mano. Es lo que necesita tu equipo para venir a comentarte un problema y es lo que tus hijos necesitan para contarte lo que *realmente* les está pasando. Subir tu perfil en una web de citas o bloquear a tu ex en el teléfono pueden resultar actos de valentía. Del mismo modo lo pueden ser adoptar nuevas tecnologías para tu negocio o salir de casa y afrontarte a tus problemas, en vez de servirte una copa y quedarte en babia delante de la tele.

Cuando empecé a escribir este libro y empecé a recolectar historias de gente de todo el mundo que utilizaba la Técnica, resultó evidente que dentro de cada decisión existían cinco segundos de valentía que lo cambiaban todo en nuestra vida.

Cuanto más aparecía la palabra «valentía», más me preguntaba si uno de los momentos de valentía más históricos me ayudaría a entender mejor la naturaleza de la valentía en sí. La primera persona que me vino a la cabeza fue Rosa Parks. Seguramente ya sabes la historia de cómo Rosa Parks dio la chispa que encendió el Movimiento moderno por los derechos civiles en Estados Unidos en una fría noche de diciembre de 1955 cuando decidió no ceder su asiento en el bus para que un pasajero blanco pudiera sentarse.

Su momento de valentía nos demuestra que no son los grandes gestos los que lo cambian todo, sino los pasos más pequeños en tu vida diaria. Ella no debía tener pensado hacer lo que hizo esa noche. La señora Parks se describe como alguien que intentaba ser lo más prudente posible para no meterse en problemas. Lo único que tenía pensado hacer esa noche era llegar a casa después de un largo día en el trabajo y cenar con su marido. Era una noche como cualquier otra noche, hasta que una decisión lo cambió todo.

Como me picó la curiosidad, indagué e investigué todo lo que podía encontrar acerca de la señora Parks, desde los Archivos Nacionales, biografías, entrevistas en la radio y artículos en el periódico. Lo que encontré fue increíble. Pocas semanas después de que la detuvieran, la entrevistó Sidney Rogers en Pacifica Radio y la web de los Archivos Nacionales tiene una grabación de la entrevista. Aquí tienes la descripción que dio del momento histórico con sus propias palabras:

*«Cuando el autobús salió del centro de la ciudad en la tercera parada, los pasajeros blancos habían llenado la parte delantera del bus. Cuando me subí al bus, la parte trasera estaba llena de pasajeros de color que se empezaban a poner de pie. El asiento en el que me senté era el primero de los asientos donde nos sentábamos los negros, ah, bueno, en esa ruta. El conductor se dio cuenta de que la parte delantera del bus estaba llena de pasajeros blancos y que había dos o tres personas blancas de pie.*

*Miró hacia atrás y... exigió que dejáramos libres los asientos que estábamos ocupando. Los otros pasajeros cedieron sus asientos a regañadientes. Pero yo me negué... El conductor dijo que, si me negaba a salir del asiento, tendría que llamar a la policía. Y le dije "pues llame a la policía"».*

Luego, el entrevistador le hizo la pregunta del millón:

*«Qué narices fue lo que le hizo decidir que sería la persona que después de todos estos años de Jim Crowe y de segregación, ¿qué le hizo decidir en ese momento en concreto, que no quería ceder su asiento?».*

Ella respondió simplemente,

*«Sentí que no me estaban tratando correctamente y que yo tenía derecho a quedarme con el asiento que había tomado como pasajera de ese bus».*

Él la volvió a presionar apuntando que la habían tratado mal durante muchos años, y quería saber *qué le hizo decidir en ese momento.* Y en la entrevista, ella hace una pausa y luego dice:

*«Supongo que había llegado el momento en el que me habían empujado lo máximo que podía aguantar que me empujaran».*

Él le preguntó si lo había planeado y ella dijo,

*«No».*

Él le preguntó si simplemente, pues… pasó. Ella le dijo que sí, que «simplemente, pues… pasó».

Este es un detalle crucial: Rosa Parks ni dudó ni se lo pensó. Pasó tan rápido que simplemente escuchó como sus instintos le decían «No me están tratando bien», y se dio un empujón para seguir a sus instintos.

Como no dudó, no tuvo tiempo de disuadirse.

Casualmente, cuatro días más tarde, en la misma ciudad de Montgomery, Alabama, el 5 de diciembre de 1955, hubo otra decisión en cinco segundos que cambió la historia. Se formó la Montgomery Improvement Association («Asociación de Mejora de Montgomery») en respuesta a la detención de la señora Parks. Un pastor negro de veintiséis años fue elegido por sus compañeros para liderar el boicot de 381 días de bus. El joven pastor escribió más adelante sobre el hecho de ser nominado para liderar el boicot esa noche:

*«Pasó tan rápido que no tuve tiempo de pensármelo. Seguramente, si me lo hubiera pensado, habría rechazado la nominación».*

Por suerte no se lo pensó. Se convirtió en uno de los mayores líderes de la defensa de los derechos humanos de la historia. Se llamaba Dr. Martin Luther King Jr.

Los compañeros del Dr. King fueron quienes le empujaron a ser el centro de atención. Rosa se empujó a ella misma. Ambos experimentaron el poder del empujón. Es un momento en el que tus instintos, tus valores y tus objetivos se alinean, y te mueves tan rápido que no tienes tiempo ni una razón válida para detenerte.

Tu corazón habla y tú no piensas, sino que escuchas lo que el corazón te dice que hagas. La grandeza no es una característica de la personalidad. Se halla dentro de todos nosotros y a veces nos resulta difícil verla. A la señora Parks la describían como una persona calmada y tímida, y el Dr. King era popularmente conocido por sus inseguridades y sus miedos en el inicio del movimiento por los derechos civiles.

Reflexionando sobre esa noche de 1956, la señora Parks dijo en la radio: *«No me habría imaginado que sería yo la persona que hiciera esto, ni se me había pasado por la cabeza»*. Seguramente a ti tampoco se te han pasado por la cabeza las maravillosas hazañas que eres capaz de lograr en el trabajo y en la vida. Su ejemplo nos demuestra que somos más capaces de juntar la valentía para actuar con un carácter que no nos resulta habitual cuando el momento importa.

Es verdad, tal y como explica Rosa Parks en esa entrevista en la radio en 1956, que un sistema de discriminación la había empujado «lo máximo que podía aguantar que la empujaran». Pero en ese momento, algo mucho más poderoso la empujaba hacia delante: ella misma.

Esto es la valentía: un empujón. Uno de esos empujones que nos damos cuando nos levantamos, cuando hablamos en voz alta, cuando nos exponemos, cuando vamos primero, cuando levantamos la mano o hacemos cualquier cosa que parece difícil, que nos da miedo o que nos parece insegura. No mires a los héroes de la historia, de los negocios, del arte y de la música, y no asumas que de algún modo son diferentes a ti. No es verdad.

**La valentía es un derecho de nacimiento. Se halla dentro de cada uno de nosotros.** Naciste con ella y puedes utilizarla siempre que quieras.

No se trata de confianza, educación, estatus, personalidad o profesión. Es simplemente una cuestión de saber cómo encontrarla cuando la necesitas. Y cuando la necesites, seguramente estarás solo.

Estarás tú solo en esa reunión en el trabajo, o en la cocina, en el metro, mirando el móvil, encendiendo el ordenador, o pensando en algo… y de repente, pasará. Algo se torcerá y tus instintos se avivarán. Tendrás las ansias de actuar. Tus valores y tus instintos te dirán lo que *debes* hacer. Y tus sentimientos gritarán «NO». Este es el momento del empujón. No tienes que tener todas las respuestas. Solo tienes que tomar una decisión en los próximos cinco segundos.

Dan está solo frente al ordenador planteándose apuntarse a unas asignaturas de cara al semestre que viene. Quiere sacarse una carrera, pero a los cuarenta y cuatro años, la idea de empezar primero de carrera es absolutamente aterradora.

Valentía es lo que necesita Christine en una reunión de *marketing* en Plano, Texas. Tiene una maravillosa idea que compartir, pero duda por si *¿Sonará absurda?*

Tom está en un bar, en Chicago. En el momento en el que la ve, no puede apartar la mirada. Tiene dos opciones, volver hacia sus amigos y hacer ver que le importa el partido de fútbol sobre el que están hablando, o juntar la valentía para empezar a dirigirse hacia ella.

Toda la organización comercial de una empresa de *software* financiero en Nashville, se siente desanimada. Llevan tres años seguidos alcanzando los objetivos de ventas, y les acaban de subir las cuotas de ventas otra vez.

Alice, en Inglaterra, necesita un empujón para salir de casa e ir a correr. La ha inspirado su amiga en Facebook, pero se *siente desanimada* porque hace mucho tiempo que no hace ejercicio.

En la otra punta del mundo, Patel no puede dejar de pensar en un amigo que acaba de perder a su hijo en un accidente de coche. No sabe qué decir, y solo pensar en que podría perder a su propio hijo le estremece. Se dice a sí mismo: *será más fácil si espero un par de días*, pero las ansias de coger el teléfono, de pasar a verle en su casa… de *hacer algo*, se van posponiendo.

En China, Sy acaba de firmar un contrato con una distribuidora para su nueva línea de cuidado de la piel. Hay como mínimo unas doce personas a las que quiere llamar. Se mira el teléfono y duda… *¿y si piensan que soy avasalladora?*

En Queensland, Australia, Todd sabe exactamente lo que quiere hacer con su vida, y no es estudiar derecho, sino educación física. Pero antes de poder tomar el control sobre su futuro, Todd tiene que enfrentarse a la decepción de sus padres.

Y Mark está tumbado en la cama en Auckland, Nueva Zelanda, donde son las 22.30 h. Se gira y mira a su mujer, que está leyendo un libro. Le encantaría hacerle el amor, pero da por sentado que ella no está por la labor; quiere acercarse a ella y darle un beso en el hombro, pero *tiene miedo de que le rechace*. Necesita valentía para acercarse a ella después de tantos meses sintiéndose como si fueran compañeros de piso.

Estas historias son reales y son solo la punta del iceberg. Resaltan la lucha entre el deseo de cambiar nuestras vidas y el miedo a cambiar. También revelan el poder que tiene la valentía del día a día para revolucionarlo todo.

Seth Godin escribió «se nos activa una parte diferente del cerebro cuando pensamos en lo que es posible en vez de lo que es necesario». Yo creo que pasa lo mismo cuando pensamos en ser valientes en vez de centrarnos en los miedos que nos detienen. Es la diferencia entre centrarse en la solución o en el problema. Y ese pequeño interruptor nos libera la mente.

Hay algo poderoso al clasificar como actos de valentía cotidiana mis dificultades para salir de la cama, las dificultades de Patel para llamar a su amigo, las dificultades de la organización comercial para aceptar un objetivo de ventas aún más alto, y las dificultades de Alice para hacer ejercicio.

Al fin y al cabo, la valentía es solo un empujón.

Cuando te das un empujón, puede que no cambies el mundo, las leyes o que des la chispa que encienda un Movimiento por los derechos civiles, pero te aseguro que cambiará algo tan o más importante: te cambiará a ti.

# Solo hay un TÚ.

# Y nunca habrá otro más.

# Este es tu poder.

Solo hay
un Tú...

Y nunca habrá
otro más.

Este es tu
poder.

# CAPÍTULO SEIS

# ¿A QUÉ ESPERAS?

«SIEMPRE ES EL MOMENTO ADECUADO PARA HACER LO ADECUADO.»

DR. MARTIN LUTHER KING JR.

Tom está celebrando el arranque de una nueva sección del negocio con sus compañeros de Stetson's Steakhouse en el Hotel Hyatt Regency en el centro de Chicago. Está petando la cuota de ventas de este año y la victoria de hoy colocará el territorio que dirige arriba en el marcador. Hace cuatro meses empezó este trabajo en una empresa tecnológica financiera después de que su mujer se fuera de casa. Ha sido una agradable distracción mientras intentaba lidiar con las consecuencias de su vida personal. Se gira hacia el camarero para pedir otra ronda y es entonces cuando ve a una chica.

Está al otro lado del bar, riéndose con sus amigas. Hay algo en ella. No consigue adivinar el qué. Se plantea acercarse y hablar con ella, pero duda. Se cuestiona si es demasiado temprano para estar en el mercado. Se siente inseguro: *¿una mujer tan guapa puede sentir atracción por un tío con dos hijos?*

**Tom tiene que tomar una decisión y la tomará en los próximos cinco segundos.**

En el tiempo que tarda en cruzar el bar, Tom podría empezar a reconstruir su vida. En el tiempo que se tarda en levantar la mano en una reunión, puedes cambiar la percepción que tienen los demás de ti en el trabajo. En el tiempo que se tarda en abrir la boca y soltarle un cumplido a alguien, puedes alegrarle el día a otra persona. Y si no lo haces, el momento pasará, como le pasó a Blake, y ahora se quiere «patear a sí misma».

**Blake**
@blakie_g

Me lo pensé demasiado y ahora el momento ya ha pasado y no le he dicho a esa mujer lo maravillosa que es. Ella me ha alegrado el día y yo no le he dado ni las gracias.

**Blake**
@blakie_g

Pero yo no le he dicho nada. He abierto la boca y no me han salido las palabras. Me he acordado de la técnica de los 5 segundos de @melrobbins y me he querido patear a mí misma.

Sea cual sea la razón por la que te reprimes: te equivocas. No es más seguro quedarse callado. No es mejor mantenerse en silencio. No es inútil intentarlo. No es arriesgado. Te equivocas. Todas tus excusas y razones están equivocadas. No existe «el momento adecuado» para mejorar tu vida. En el momento en el que te muevas, descubrirás tu fuerza. Esta es la manera de traer tu YO REAL al descubierto, empujando tu yo *real* para que salga de tu cabeza y llegue al mundo. Y el mejor momento para hacerlo es ahora. Cuando tu corazón te dice que te muevas.

Desaprovechamos mucho tiempo en la vida esperando a que llegue el momento adecuado para mantener esa conversación, para pedir un aumento, para sacar el tema, o empezar cosas. Me recuerda a la famosa cita del jugador de *hockey* Wayne Gretzky: «*Fallas un ciento por ciento de los tiros a portería que no haces*». Aquí está el quid de la cuestión: nunca te arrepientes de los intentos que hiciste, pero siempre te arrepientes de haberte reprimido de hacer algo. Anthony se dio cuenta de ello a base de caerse.

**Anthony**

Esta noche he tenido la oportunidad de darle a alguien mi número de teléfono y no se lo di. Me arrepentiré siempre. ¡¿POR QUÉ ES TAN COMPLICADA LA VIDA?! 💔

La vida ya es complicada, pero nosotros la complicamos aún más cuando escuchamos nuestros miedos y nos convencemos de que tenemos que esperar, y contenemos la mejor versión de nosotros. Lo hacemos todos. Y no solamente en los bares. Nos contenemos en el trabajo, en casa y en nuestras relaciones.

La cuestión es ¿por qué lo hacemos? La respuesta es cruel. Puedes llamarlo miedo al rechazo, o miedo al fracaso, o miedo a quedar mal. La realidad es que nos escondemos porque nos da miedo incluso intentarlo.

Hace unos meses tuve una conversación con mi hija Kendall que ilustra lo mortal que puede resultar este juego de espera para nuestros sueños. Para que tengas un poco de contexto, Kendall tiene quince años y es una cantante con mucho talento. Desde el momento en el que se levanta hasta que se va a la cama, canta.

Hace poco, uno de sus mentores la recomendó para un *casting* con los directores de un musical en Nueva York. Ese mentor había colocado a niños de gira con *Los miserables*, *Mary Poppins*, y *Matilda*. Pensó que Kendall tenía muchas probabilidades de conseguir un papel.

En el momento en el que salió el tema, ella dijo que quería hacer el *casting*, pero nunca le respondió a su mentor acerca del tema. Le pregunté a qué estaba esperando. Era fascinante y doloroso escuchar cómo sus pensamientos y sentimientos la atrapaban. Curiosamente, ella no tenía miedo del *casting* en sí. Al menos, cuando lo pensaba. Sino que tenía miedo de todo lo que *podía pasar* después del *casting*.

Me dijo que no quería hacer la prueba porque «¿Y si no la paso, mamá? ¿Y si no soy tan buena como pienso que soy? Si no voy al *casting*, por lo menos puedo decirme que soy increíble. Soy demasiado perezosa para tener lo que quiero».

Ahora estábamos llegando al quid. El miedo a ser un desastre, a no ser suficientemente bueno, a sentirse como un fracasado: ninguno de nosotros quiere afrontar la realidad. Así que la evitamos como si de la peste se tratara. De hecho, yo lo hago con el ejercicio. Siempre que lo evite, puedo hacer ver que estoy en una forma física aceptable. En el momento en el que voy al gimnasio, tengo que afrontar la realidad. Y la realidad es que después de correr dos minutos en la cinta, tengo que ir al baño y me falta el aire. No estoy en buena forma. Tengo que currármelo mucho más. Este es el motivo por el cual esquivamos los desafíos: para proteger nuestro ego, incluso si significa eliminar la posibilidad de obtener lo que queremos. Escuché a Kendall explicar su miedo de no ser suficientemente buena y le planteé una pregunta muy simple:

## ¿Y si estás equivocada?

Es una pregunta con mucho poder y no nos la preguntamos tan a menudo como deberíamos. ¿Y si estás equivocada? ¿Y si vas al *casting* y realmente eres tan buena como dice todo el mundo? ¿Y si tu idea es el próximo negocio del millón? ¿Y si no solo vuelves a alcanzar tu objetivo de ventas de este año, sino que además lo sobrepasas? ¿Y si estar soltero no da tanto miedo como te piensas? ¿Y si a pesar de todo, tu media naranja está a dos días de cruzarse contigo? ¿Realmente vas a dejar que tus preocupaciones te impidan realizar tu trabajo, tener una vida amorosa y ser la mejor versión de ti? Más te vale que no.

E incluso si eres malísimo, hay algo más que te puedes decir a ti mismo:

## ¿Y qué?

¿Y qué, si soy malísimo? Por lo menos lo he intentado. Según mi opinión, conseguir un papel en un musical es algo irrelevante. Del mismo modo que la mujer que Tom vio en el bar es irrelevante. Lo único que es relevante eres tú. El poder está dentro de ti. La única manera para acceder a ese poder es empujándote a intentarlo. La mejor versión de ti irá al *casting*, se acercará al chico o a la chica del bar, y levantará la mano y la voz en el trabajo.

Nunca podrás impedir que te empieces a preocupar por algo. Pero puedes impedir que estas preocupaciones te arrastren hacia un mar de preocupaciones que tomen el control de tu mente. Puedes reafirmarte y empujarte a pensar en algo que te fortalezca. Vuelves al momento presente y vas a por lo que quieres. Y lo puedes hacer en exactamente cinco segundos.

Todos somos culpables de pensar en hacer algo, pero después no hacerlo. Todos esperamos a que llegue «el momento adecuado». Esto es absurdo. En una encuesta reciente, 85% de los trabajadores admitieron que no compartían información importante respecto a su trabajo con sus jefes. ¿Por qué? Ya sabes la respuesta: estaban esperando a que llegara «el momento adecuado». Lo mismo pasa con tus hijos, con tu pareja, con tus amigos y con tus compañeros.

Todos los seres humanos estamos programados así. Uno de los aspectos más esclarecedores y reveladores del increíble libro de Adam Grant llamado *Originales: Cómo los inconformistas mueven el mundo*, es cuando describe el hecho de que la mayoría de nuestros mayores héroes son como nosotros desde este sencillo punto de vista: ellos también vacilaron, dudaron de ellos, y casi dejaron pasar las oportunidades de su vida porque no se sentían preparados. A mí me parece reconfortante saber que las personas a las que admiramos necesitaban que les dieran un empujón para superar sus miedos, excusas y sensaciones, igual que tú y yo.

¿Conoces a Miguel Ángel, el artista que pintó la Capilla Sixtina en Roma? Hay algo que puede que no conozcas. Según Grant, cuando el Papa le pidió a Miguel Ángel que pintara la Capilla Sixtina en 1506, Miguel Ángel se sintió tan abrumado por sus inseguridades que no solo quería esperar, sino que huyó a Florencia y se escondió. El Papa tuvo que seguir a Miguel Ángel y darle la lata durante dos años para que aceptara el trabajo.

¿Quieres otra? ¿Qué te parece una relacionada con Apple? En 1977, cuando un inversor les ofreció a Steve Jobs y a Steve Wezniak financiar el lanzamiento de Apple, Wozniak tuvo tanto miedo e inseguridad que quiso «esperar un tiempo» antes de dejar su trabajo. No se sentía preparado. Necesitó el empujón de Jobs, varios amigos y sus propios padres para dar el salto.

Recuerdas las historias en el último capítulo sobre Dr. Martin Luther King Jr admitiendo que hubiera rechazado la nominación a liderar la

Asociación de Mejora de Montgomery si se lo hubiera pensado? ¿O Rosa Parks admitiendo que ella nunca hubiera imaginado que sería la persona que hiciera esto? En ese momento, ninguno de ellos se paró a pensar. No se esperaron a sentirse preparados. Esto es lo que tenemos que hacer. Todos somos capaces de alcanzar la grandeza. Yo lo creo. Son nuestros sentimientos y miedos los que nos convencen de que ahora no es el momento y nos impiden alcanzar la grandeza.

Grant escribió una frase en su libro que me provocó una gran aflicción: imagínate cuántos Wozniaks, Miguel Ángeles y Kings nunca persiguieron, publicaron o promovieron sus ideas originales porque no fueron arrastrados o convertidos en el centro de las miradas. Lo que te tienes que preguntar es:

## ¿A qué esperas?

¿Estás esperando a que alguien te pregunte, te arrastre, te elija o te convierta en el centro de las miradas, o estás dispuesto a juntar el valor para empujarte tú mismo? ¿Estás esperando a sentirte preparado? Estás esperando a que llegue el momento adecuado. Esperando a ganar confianza. Esperando a que te apetezca. Esperando a sentir que eres digno de ello. Esperando a tener más experiencia.

A veces no hay una próxima vez, una segunda oportunidad o un descanso. Deja de esperar. Es ahora o nunca. Cuando esperas no estás procrastinando. Estás haciendo algo aún más peligroso. Te estás convenciendo deliberadamente de que «ahora no es el momento». Estás trabajando activamente en contra de tus sueños.

Paula se podría haber convencido de que nunca reuniría los requisitos para optar a una gran oportunidad laboral. Se podría haber equivocado de mucho.

> *«Acabo de enviar una solicitud para un puesto de trabajo para el que nunca habría imaginado que reunía las características necesarias, pero he pensado "¿y por qué no intentarlo?". No me centré en mis defectos, sino que enfaticé mis cualidades y conseguí el trabajo. Hace un tiempo me lo habría quitado de la cabeza en cinco segundos y ni lo habría intentado ;-)*
> *—Paula.»*

Al enfatizar sus cualidades en vez de centrarse en sus defectos, Paula consiguió superar sus miedos y conseguir el trabajo.

Puedes pensar que te estás protegiendo de las opiniones ajenas, del rechazo o de molestar a alguien, pero cuando encuentras excusas o te convences de que tienes que esperar, limitas tu habilidad de hacer tus sueños realidad. Me alucina la cantidad de tiempo que he desperdiciado en mi vida esperando a que llegue el momento adecuado, esperando a estar segura, esperando a pensar que mi trabajo es perfecto, o esperando a que me apeteciera.

Puede que te dé miedo descubrir que eres malísimo, como le pasaba a mi hija. Deja que te diga lo que realmente es malísimo: hacerse mayor y arrepentirte porque nunca te atreviste. Tener treinta años y darte cuenta de que el miedo a lo que pensaran tus amigos impidió que salieras a la luz cuando eras joven. Amigos con los que, por cierto, ya no te hablas. Tener cincuenta y seis años y darte cuenta de que te tendrías que haber divorciado de tu pareja hace diez años. Tener cuarenta y cinco años y desear haber tenido el valor de emprender un proyecto en el trabajo con el que ahora te das cuenta de que habrías cambiado el rumbo de tu carrera profesional. O sentarte en las clases de la universidad para sacarte una carrera y satisfacer a tus padres, sabiendo que lo que tú quieres en la vida es algo distinto.

No existe un momento adecuado. Solo existe el ahora. Solo tenemos una vida. Eso es todo. Y no volverá a empezar. Depende de ti que te esfuerces para aprovecharla al máximo y el momento para hacerlo es ahora.

## Tú das el visto bueno a tus ideas cuando las persigues

Me parte el corazón saber que tantos de vosotros tenéis ideas creativas o nuevos conceptos de productos y que estáis esperando a que alguien os dé el visto bueno. Es muy triste porque, esperar a que alguien te dé el visto bueno será el fin de tus sueños. Si tienes una idea para un programa o un libro y estás esperando a que un ejecutivo de una cadena de televisión o que una editorial te escoja, estás perdido. Es como lo de Tom, en el bar, esperando a que su media naranja se le acerque y le elija. O yo esperando hasta que me sintiera motivada para despertarme y salir de la cama. Esperar hasta que estés preparado no hará que las cosas pasen. El mundo no funciona así.

El mundo recompensa a aquellos que tienen suficiente valor para dejar de esperar y empiezan. Si sueñas con estar en la tele, ya te digo yo, de primera mano, que el ejecutivo que esperas que te descubra, estará en YouTube en este momento, buscando a otra persona que no estaba esperando. La persona que tiene el valor de empezar, de crear y de salir a la luz, y de compartir sus ideas, es la persona que ganará.

La única diferencia entre la idea que tienes tú para escribir esa novela y la escritora británica E. L. James, autora de la exitosa trilogía *Cincuenta sombras de Grey* (que devoraron casi todas las mujeres de este planeta y vendió millones de ejemplares en cuatro días), es el hecho de que ella no esperó a que le dieran permiso, ni esperó a que llegara el momento adecuado, o a sentirse preparada. No esperó hasta tener un contrato para escribir un libro. ¡De hecho, empezó a escribir literatura erótica en un blog de temas relacionados con Crepúsculo! Reunió el valor para empezar a dar pequeños pasos, y salió a la luz, una y otra vez hasta que había ganado la confianza necesaria para escribir un libro. Y *cincuenta sombras de Grey* fue ese libro. Se lo autopublicó una madre trabajadora que lo escribió en su tiempo libre. Así es.

Por cierto, así es también como saltó a la fama Ed Sheeran, ganador de Gramys. Tenía quince años cuando tocaba canciones en un parque en Inglaterra sin permiso ni garantías de que nadie le escucharía. Así se hace. Te esfuerzas para salir de tu zona de confort y empiezas. No hay otra manera. Dejas de esperar a que llegue el momento adecuado y empiezas. Así es como la serie estadounidense galardonada *Broad City* consiguió su programa más visto en la cadena Comedy Central. Actuaron con valentía y empezaron a gravar vídeos de 3 minutos con un iPhone y colgándolos en YouTube.

Y cualquier estrella de YouTube, desde Tyler Oakley, hasta la fenomenal Michelle Phan haciendo tutoriales de maquillaje, o Hannah Hart presentando los videos de cocina «My Drunk Kitchen», o el narrador de Minecraft «Stampy Cat», te dirán que, si se hubieran convencido de que tenían que esperar hasta sentirse preparados o hasta tener un *sponsor*, aún estarían viviendo una vida aburrida en vez de crear la vida de sus sueños e incrementar sus ganancias.

Esperar, pensar y casi «hacerlo», no cuenta. Tal y como explica Kyra, para cambiar cualquier cosa, tienes que llegar a hacerla. #CasiNoCuenta

---

### Kyra

¡5- 4- 3- 2- 1 Ya! Casi no voy a la fiesta del barrio que organizó mi edificio anoche porque estaba hecha polvo después del trabajo… Casi decido no donar sangre en el camión que tenían allí… Casi no me atrevo a hablar con la amable enfermera que conocí cuando ella también estaba donando, casi no me voy corriendo a mi piso para coger las herramientas para contarle el sistema del marketing multinivel en el que trabajo, y se las doy antes de que se fuera. Casi no he hecho el seguimiento con ella esta mañana ¿y cuando me ha invitado a su casa para hablar con ella y con sus amigas? Casi no he ido porque aún iba en pijama, no tenía a ningún experto en línea y me sentía poco preparada… Pero lo he hecho ¿y ahora? Esta noche voy a hacer 2 PCs (Contactos personales) nuevos y mañana 2 más. Cumpliré oficialmente los requisitos para subir en el ranquin de NLC[2] en septiembre ¡y ahora estamos a mitad de octubre!

La moraleja de la historia es que #casinocuenta #hazlo

---

La diferencia entre la gente que consigue que sus sueños se hagan realidad y la que no, es solo una: la valentía para empezar y la disciplina para seguir. La Técnica es un punto de inflexión porque 5- 4- 3- 2- 1 te obliga a salir de la cabeza y empezar, y en 5- 4- 3- 2- 1 te ayuda a seguir.

Y esto nos trae de vuelta a Tom en el bar del Hyatt Regency en Chicago. ¿Empezará a caminar hacia la chica que está al otro lado de la sala o decidirá esperar? Bueno… depende. Depende de quien tome la decisión por él. ¿Será su corazón o su cabeza, quien tomará la decisión? ¿Ganarán sus sueños o sus miedos? Rosa Parks tiene un fantástico consejo para momentos como este: Tom necesita hacer lo que «*se tiene que hacer*». Tom sabe lo que se tiene que hacer. Tiene que empezar a vivir de nuevo.

La espera no le ayudará. Esperar solo lo empeorará. Cuando tienes la cabeza llena de miedos e inseguridades, tu mente las expande. Se llama el

---

2. NLC: Empresa de seguros estadounidense. *(N. de la t.)*

«efecto epicentro» y es uno de los muchos trucos que te plantea tu cerebro cuando intenta mantenerte a salvo.

El miedo que siente Tom es real. La incertidumbre da miedo. Las inseguridades son devastadoras. Nadie quiere que le rechacen, ni quiere sentirse como un tonto. Nadie quiere saber que es una mierda.

Es por eso que, el momento justo antes de entrar en una reunión para establecer contactos, o en una fiesta, o en una entrevista, o en una cafetería, o de acercarte a una persona que te parece atractiva, puede parecer intimidante. Pensamos en lo que podría ir mal o en lo incómodo que podría ser que nadie nos diera una buena acogida, en vez de pensar en todas las posibilidades positivas que podemos sacar de la situación.

Pero lo que Tom quiere no es estar a salvo. Tom quiere reconstruir su vida y volver a encontrar el amor y para eso va a necesitar valentía. Por muy intimidante que resulte dar el primer paso hacia el otro lado del bar, Tom está a punto de descubrir que toda la magia, maravilla y placeres de la vida acontecen en el momento en el que se da ese primer paso.

Puedes sentirte inseguro y estar preparado. Puedes tener miedo y hacerlo de todas formas. Puedes temer el rechazo y aun así ir a por ello.

## Cinco segundos de valentía lo cambian todo

Tom empieza la cuenta atrás en voz baja, «5-4-3-…» y cuando llega al 2 empieza a cruzar la sala. No tiene ni idea de lo que le va a decir. Se le acelera el corazón, pero por primera vez en mucho tiempo no se siente adormecido, se siente vivo. Cuanto más se acerca a ella, más rápido le late el corazón. Ella se gira justo en el momento que él llega a su lado. Lo que pasa a continuación es… irrelevante.

No importa lo que pase porque puede ser que ella se convierta en su media naranja o que no. El final de la historia es irrelevante. Lo único que importa es el principio de la historia, que Tom tomó la decisión de empezar a vivir de nuevo. Así es como se escucha el corazón. Tanto si estás volviendo al mundo de las citas, arrancando una empresa o empezando un canal de YouTube, necesitas hacerte con la valentía para empezar.

Fíjate con qué desesperación queremos saber si Tom «consiguió la chica». Sería un gran argumento para una película, pero «conseguir la chica» no es el objetivo. La vida no es una novela de Nicholas Sparks. La vida es cruda y difícil, y luego, de repente, brillante y alucinante. Además, puede ser que la chica estuviera comprometida. Puede que fuera lesbiana. Puede que fuera insoportable. Incluso si ella es increíble y acaban follando como animales, o tiran adelante y se casan, «la chica» no es la fuente de poder de la historia. Lo es Tom.

El tesoro de tu vida está enterrado en ti. No está dentro de otra persona. Tom es la fuente de poder en su vida y tú eres la fuente de poder en la tuya. Desbloqueamos ese poder cuando escuchamos nuestros instintos y 5- 4- 3- 2- 1 nos esforzamos en honrarlos. El regalo más preciado de todos es descubrir tu «verdadero yo interior».

 **Melody Fowler** ¡Desde que fui a Dallas he utilizado la técnica de los 5 segundos cada día (varias veces)! Me ha ayudado a despejar los pensamientos negativos, me ha ayudado a contactar con personas y empezar conversaciones que no hubiera entablado de otra manera, ¡me ha sacado a la luz mi verdadero yo interior! Y eso, para mí, ha sido el regalo más preciado de todos: ser yo y poder enseñárselo a mi hija, para que ella también lo pueda hacer. ¡Gracias Mel!

Jean-Baptiste también lo vio. Me escribió diciéndome que se había dado cuenta de que nadie vendría a buscarle para vivir la vida que quería vivir, y que pasar a la acción era la única manera de crear su propio espacio en el mundo.

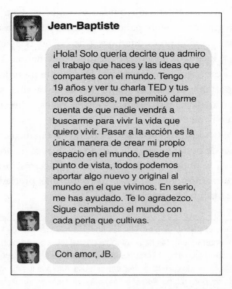

**Jean-Baptiste**

¡Hola! Solo quería decirte que admiro el trabajo que haces y las ideas que compartes con el mundo. Tengo 19 años y ver tu charla TED y tus otros discursos, me permitió darme cuenta de que nadie vendrá a buscarme para vivir la vida que quiero vivir. Pasar a la acción es la única manera de crear mi propio espacio en el mundo. Desde mi punto de vista, todos podemos aportar algo nuevo y original al mundo en el que vivimos. En serio, me has ayudado. Te lo agradezco. Sigue cambiando el mundo con cada perla que cultivas.

Con amor, JB.

Tal y como ha dicho Jean-Baptiste, yo también creo que todos podemos aportar algo nuevo y original al mundo en el que vivimos. El potencial para una inmensa grandeza existe dentro de cada uno de nosotros.

La manera de activar tu poder es encontrar la valentía que necesitas cada día para darte un empujón hacia delante. Cuando escuchas tus instintos («*levántate y afronta el día, Mel*», «*traga saliva y empieza a caminar, Tom*», «*cuida de tus sobrinos, Catherine*», «*no cedas tu asiento, Rosa*»), está claro lo que tienes que hacer.

No hay discusión cuando sigues lo que llevas en el corazón. Lo único que silenciará la cháchara de tu cabeza es la decisión de moverte. Tal y como he dicho al principio del libro, estás a solo una decisión de una vida completamente distinta.

A todos nos da tanto miedo lo incierto que queremos una garantía antes de intentarlo. Queremos pruebas de que si nos arriesgamos también «conseguiremos a la chica». Incluso si Tom consigue a la chica, no querrá decir que tú también. «Conseguir a la chica» o «el chico» no es una quiniela.

Para jugar a cualquier juego tienes que empezar. Para ganar tienes que seguir jugando. Si quieres que tus sueños se hagan realidad, prepárate para una partida larga.

La vida no es un trato de una vez y listos. Tienes que currarte lo que quieres. ¿Conoces el juego Angry birds? Rovio, la marca que creó el juego, lanzó 51 juegos sin éxito antes de desarrollar Angry Birds. ¿Y qué me dices de la estrella de *Avengers*, Mark Ruffalo? ¿Sabes a cuantos *castings* fue antes de conseguir su primer papel? ¡Casi 600! Incluso Babe Ruth, uno de los jugadores profesionales de béisbol con más talento de la historia, falló 1.330 golpes. Mi aspiradora favorita es una Dyson. Y no me extraña que sea una joya a la hora de aspirar la suciedad. ¡James Dyson creó 5.127 prototipos! ¿Qué? Y este último ejemplo te va a dejar de piedra. Picasso creó casi 100 obras maestras a lo largo de su vida. Pero lo que la mayoría de la gente no sabe es que creó un total de más de 50.000 obras de arte.

¿Has visto la última cifra? 50.000. Esto representan dos obras de arte al día. El éxito es una quiniela. Y no ganarás si te sigues diciendo que tienes que esperar. Cuanto más a menudo elijas ser valiente, más probable será que triunfes.

Cuando 5- 4- 3- 2- 1 te empujes hacia delante descubrirás la magia que hay en tu vida y te abrirás las puertas a un nuevo mundo, a la oportunidad y a la posibilidad. Puede que no consigas a la chica, el papel o la respuesta que querías, pero esta no es la cuestión. Al final, conseguirás algo mucho mejor: descubrirás el poder que llevas dentro.

# Espera un momento. Deja que me lo vuelva a pensar.

# CAPÍTULO SIETE

# NUNCA TE APETECERÁ

«SE NECESITA VALENTÍA PARA CRECER

Y CONVERTIRTE EN QUIEN REALMENTE ERES.»

E. E. CUMMINGS

Es una calurosa tarde en Plano, Texas, y una mujer llamada Christine está en una reunión en el trabajo. Su jefe la ha convocado para aportar ideas que ayuden a cerrar un enorme trato para que contraten a nuestra consultoría. Solo quedamos dos empresas finalistas y tomarán la decisión la semana que viene. Christine está escuchando y tomando notas cuando de repente se le ocurre una idea original:

*«Y si creamos un geofiltro personalizado en Snapchat y con él etiquetamos el bloque de oficinas… todo el mundo que esté en el edificio y que utilice Snapchat lo verá y crearemos un alboroto acerca de nuestra empresa».*

Su cabeza se empieza a acelerar con un montón de cosas guais que podrían hacer. La conversación entre sus compañeros está perdiendo potencia y el vicepresidente de desarrollo empresarial dice «Estas aportaciones están muy bien, ¿alguien más?».

**Christine tiene que tomar una decisión y la tomará en los próximos cinco segundos.**

Sabe que debería entrar en la conversación, pero primero se para a pensar. *¿Va a sonar como una locura? Nadie ha sugerido nada que se pareciera lo más mínimo a esto.* Cambia de posición en la silla. *A lo mejor hay algún motivo por el cual nadie más ha mencionado Snapchat.* Ahora se está cuestionando si debería compartir la idea o no.

En los cinco segundos que vienen a continuación, Christine decidirá si se queda callada, un patrón que se ha convertido en un hábito en el trabajo, o si juntará la valentía para dar su opinión. Además, Christine tiene un objetivo. Quiere progresar en su trayectoria profesional y está preocupada de que no se la considere para ocupar posiciones sénior si no mejora su presencia ejecutiva. Ha dedicado mucho tiempo a pensar qué tiene que hacer y me ha escrito porque no se atreve a intervenir. Su confianza está cayendo en picado.

Ha devorado fantásticos libros como *Vayamos adelante*, *Tribus*, *El poder de ser vulnerable* y *La clave de la confianza*. Ha ido a encuentros de mujeres, ha escuchado atentamente a su mentor, ha practicado el poder de la postura delante de un espejo en casa. Gracias a este trabajo de investigación y a todo lo que ha leído, Christine *sabe lo que tiene que hacer* (compartir ideas estratégicas, ser proactiva, ir adelante, ser más visible y ofrecerse voluntaria para proyectos ambiciosos), y sabe por qué necesita hacer todas estas cosas.

Seguramente te estés preguntando por qué demonios Christine no ha dado su opinión cuando ha tenido la oportunidad. Buena pregunta.

La respuesta es sencilla: está perdiendo la batalla con ella misma. A Christine le cuesta hablar. Tiene problemas de inseguridades. Está claro que Christine sabe cómo hablar en una reunión. Lo que no sabe cómo hacer es vencer los impulsos que le impiden hacerlo.

Si te has preguntado alguna vez por qué es tan difícil hacer las cosas que sabes que te resolverán los problemas y mejorarán tu vida, la respuesta es sencilla: son tus sentimientos. No nos damos cuenta de ello, pero tomamos casi todas las decisiones sin lógica, no con el corazón, ni basándonos en nuestros objetivos o nuestros sueños, sino con las sensaciones.

Y nuestros sentimientos no están casi nunca en concordancia con lo que es mejor para nosotros. Fíjate en el ejemplo de Christine. Sabe lo que es mejor para ella: dar su opinión. Sin embargo, en el momento de la verdad, sus sentimientos hacen que dude de sí misma. Un montón de estudios demuestran que elegimos lo que nos hace sentir bien en el momento o lo que nos parece más fácil, en vez de hacer las cosas que sabemos que nos harán mejores a la larga.

En el momento en el que te das cuenta de que el problema son tus sentimientos, ganas la habilidad de vencerlos. Fíjate en lo rápido que aparecieron los sentimientos de Christine en esa reunión en Plano, Texas. En menos de cinco segundos, las inseguridades le inundaron la cabeza. Nos pasa a todos. Y cuando entendemos el papel que desempeñan los sentimientos en la manera en que tomamos una decisión, somos capaces de vencerlos. Esto es lo que tienes que saber:

## Tomas decisiones basándote en cómo te sientes

Nos gusta pensar que utilizamos la lógica o que tomamos en consideración nuestros objetivos cuando tomamos decisiones, pero no es así. Según el experto en neurociencia Antonio Damasio, nuestros sentimientos deciden por nosotros el 95 % de las veces. Sentimos antes de pensar. Sentimos antes de actuar. Tal y como lo formula Damasio, los seres humanos son «máquinas sentimentales que piensan», no «máquinas pensadoras que sienten». Y así es como, al fin y al cabo, tomamos decisiones: basándonos en *cómo nos sentimos*.

Damasio estudió a gente con lesiones cerebrales, que no podían sentir ninguna emoción y descubrió algo fascinante: ninguno de sus sujetos de investigación podía tomar una decisión. Podían describir lógicamente lo que *deberían hacer*, y los *pros y los contras de la decisión*, pero no podían tomar la decisión en sí. Las decisiones más sencillas como *«¿qué quiero comer?»* les bloqueaban.

Es primordial que entiendas lo que descubrió Damasio. Cada vez que tenemos que tomar una decisión, calculamos subconscientemente todos los pros y los contras de nuestras opciones y luego dejamos que decida nuestro corazón, *basándose en cómo nos sentimos*. Esto sucede en un nanosegundo. Es por eso que nadie se da cuenta de ello.

Por ejemplo, cuando te preguntas «*¿Qué quiero comer?*» te estás preguntando en realidad «*¿Qué me apetece comer?*». Del mismo modo, yo no me preguntaba «*¿Debería levantarme?*»: subconscientemente me estaba preguntando «*¿Me apetece levantarme?*». Tom no se preguntaba «*¿Quiero acercarme a ella?*»: subconscientemente se estaba preguntando «*¿Me apetece acercarme a ella?*». Christine estaba haciendo lo mismo en el trabajo. No se preguntaba «*¿Debería compartir mi idea?*»: subconscientemente se estaba preguntando «*¿Me apetece compartir mi idea?*».

Hay una enorme diferencia. Y esto explica por qué es tan difícil cambiar. Lógicamente, sabemos lo que tendríamos que hacer, pero nuestros sentimientos acerca de hacerlo son los que toman la decisión por nosotros. Tus sentimientos tomarán la decisión antes de que te des cuenta de lo que ha pasado. La manera cómo te sientes en el momento no coincide casi nunca con tus objetivos y tus sueños. Si solo actúas cuando te apetece, nunca conseguirás lo que quieres.

Tienes que aprender a separar el cómo te sientes de las acciones que tomas. #5SecondRule es una herramienta excepcional para eso.

En el momento en el que *te sientas demasiado cansado*, decidirás no salir a correr, **pero 5- 4- 3- 2- 1-YA, y puedes darte un empujón para salir a correr.**

Si *no te apetece* colgarte la lista de tareas en el escritorio, no lo harás, **pero 5- 4- 3- 2- 1-YA, y puedes forzarte a ponerte manos a la obra.**

Si sientes *que no vales lo suficiente*, decidirás no decirle lo que piensas realmente, **pero 5- 4- 3- 2- 1-YA, y puedes conseguir decírselo.**

Si no aprendes cómo separar tus sentimientos de tus acciones, nunca liberarás tu verdadero potencial.

Así es como los sentimientos te impiden cambiar. Cuando te paras a pensar *cómo te sientes*, dejas de moverte hacia tu objetivo. Cuando empiezas a dudar, te pones a pensar en lo que tienes que hacer, pones en la báscula los pros y los contras, y contemplas *si te apetece hacer lo que tienes que hacer*, y te convences de no hacerlo.

Lo he dicho antes y te lo volveré a repetir porque es muy importante. No luchas contra tu habilidad de seguir una dieta, tu habilidad de ejecutar un plan de negocio, de arreglar un matrimonio fallido y reconstruir tu vida, de alcanzar un objetivo de ventas o de ganarte la confianza de un mal jefe: estás luchando contra tus sentimientos acerca de hacer estas cosas. Eres capaz de sobras de hacer lo necesario para cambiar cualquier cosa a mejor, sin importar cómo te sientas.

**No puedes controlar cómo te sientes. Pero siempre podrás escoger cómo actuar.**

¿Alguna vez te has preguntado cómo llegan tan lejos los atletas profesionales? En parte es talento y práctica, pero otro elemento clave es una habilidad que tú y yo necesitamos integrar en nuestras vidas: la habilidad de separarnos de nuestras emociones y empujar el cuerpo y la boca para que se muevan. Puede que los deportistas se sientan cansados cuando el partido llega al cuarto cuarto, pero no parecen cansados. Los sentimientos son simplemente sugerencias que los mayores atletas y equipos saben ignorar. Para cambiar tienes que hacer lo mismo. Tienes que ignorar cómo te sientes y, tal y como te diría Nike, *Just do it* [Simplemente, hazlo].

Todos tenemos dificultades con nuestras inseguridades. Y si no, pregúntaselo a Lin-Manuel Miranda, el creador del éxito aplastante *Hamilton*, que ganó 11 premios Tony en 2016. Tardó seis años en escribir *Hamilton*. Puede que sueñes con escribir el próximo *Hamilton*, y puede que lo hagas. Simplemente, no olvides que él tardó seis años en escribirlo. Y tuvo que luchar contra sus inseguridades a cada paso del camino.

Hace poco colgó este comentario en su página de Twitter. Es una publicación de una conversación entre Miranda y su mujer, Vanessa. Tres años antes del debut de *Hamilton* en el que fue un éxito de taquilla y vendió entradas a 1.000 $, Miranda aún estaba escribiendo el musical y estaba batallando con sus inseguridades:

> *«Me cuesta mucho encontrar el equilibrio entre no darme de tortas porque no está pasando tan rápido como yo querría, y no desaprovechar el tiempo mientras espero a que pase».*

¿Qué hizo Miranda? Se esforzó y siguió escribiendo. Y por eso publicó esto en su página: para recordar a la gente que todos somos iguales. Que todos tenemos dificultades con los mismos sentimientos contraproducentes y que la única manera de superarlos es enfrentándonos a ellos. Así que 5- 4- 3- 2- 1 traga saliva y «*Vuelve a tu piano*».

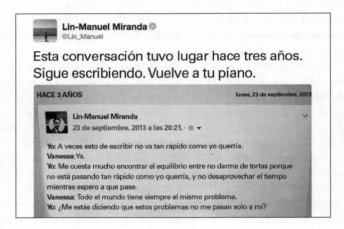

Me encanta también lo que le dice su mujer: «Todo el mundo tiene siempre el mismo problema». Tiene razón. Todos tenemos inseguridades. Esta es la verdad. El mayor error que podrías cometer es creerte las mentiras que te están contando tus sentimientos. No esperes hasta que te apetezca. 5- 4- 3- 2- 1 *Vuelve a tu piano*.

Volvamos a esa reunión en Plano, Texas, donde Christine tiene que tomar una decisión. En el pasado, en cuanto se sentía insegura, bajaba la mirada a su libreta, no decía nada y en cinco segundos, el momento ya había pasado. Si algún compañero hubiera tenido una idea similar (tal y como hacen los compañeros a menudo), Christine se habría pasado la tarde dándose de tortas por no haber hablado.

Pero hoy, Christine hace algo diferente. Se siente amedrentada por lo que está a punto de hacer y puede notar cómo se está cerrando la ocasión de los cinco segundos mientras su cerebro le está ofreciendo una pelea. Tiene el estómago hecho un nudo, y va y pone en marcha la Técnica.

Empieza la cuenta atrás en silencio, por dentro, para acallar las inseguridades y para cambiar las marchas del cerebro.

# 5... 4... 3... 2... 1...

La cuenta atrás interrumpe su patrón de comportamiento habitual, la distrae de sus miedos y crea un momento de acción deliberada. Al mantenerse firme en el control del momento, activa el córtex prefrontal para poder dirigir sus pensamientos y acciones. Luego abre la boca y dice «*Yo tengo una idea*».

Todo el mundo se gira y la mira, y ella tiene la sensación de que se va a morir allí. Se obliga a seguir hacia delante. Se incorpora en su silla, coge un poco más de espacio abriendo los codos en la mesa (tal y como te sugiere el poder de la postura), y empieza a hablar: *pues he tenido una idea, sabéis como estadísticamente todos esos milenials utilizan Snapchat como plataforma para...*

Todo el mundo escuchó su idea, hicieron algunas preguntas y luego su jefe dijo «*Gracias, Christine. Es una sugerencia muy interesante. ¿Alguien más?*». Desde fuera, no pasó nada trascendental, pero dentro de Christine algo le cambió la vida. Descubrió la valentía que necesitaba para convertirse en la persona que siempre había querido ser en el trabajo: una estrella.

Lo que dijo Christine no es lo importante. Lo que hace que este momento tenga tanto poder es el hecho de que haya dicho alguna cosa. Compartir su idea para una campaña en las redes sociales cambió algo mucho más importante que la estrategia de *marketing* de una empresa. Cambió a Christine. No solo cambió su actitud, sino que también cambió la manera cómo se ve ella. Incluso cambió su mentalidad. Y así es como se gana la confianza: con gestos de cinco segundos.

Ella utilizó la Técnica para hurgar en su interior y encontrar un poquito de valentía. Y al compartir su opinión en una situación en la que, normalmente, se reprimía, esa tarde fortuita en una sala de conferencias de Plano,

Texas, se demostró que era suficientemente buena y lista para contribuir con sus ideas en el trabajo.

Fue un enorme pasito para el que necesitó valentía. La Técnica es el CÓMO se arriesgó y fue capaz de poner en acción el consejo que todos sabemos que funciona. Fue CÓMO se dirigió hacia delante como dice Sheryl Sandberg, CÓMO fue más lista que su cerebro como afirma Seth Godin, CÓMO actuó como una «original» como defiende Grant y CÓMO tuvo el poder de atreverse que Brené Brown te anima a tener.

Como ya he dicho antes, la Técnica es una herramienta que crea un cambio inmediato en el comportamiento. Y así es exactamente como la utilizó Christine. Así es como también tú la utilizarás. Al actuar deliberadamente, Christine consiguió vencer los sentimientos que, normalmente, la detenían y ganó seguridad en su trayectoria profesional. Cuanto más utilice la Técnica para expresar sus ideas, más segura estará de sí misma.

La confianza en uno mismo es una habilidad que ganas a través de la acción. El psicólogo social Timothy Wilson escribe sobre una intervención psicológica que se remonta a Aristóteles «*haz el bien, sé bueno*». Se basa en cambiar primero el comportamiento de las personas que, a su vez, cambiarán la percepción que tienen de quién son, basándose en las cosas que hacen.

Este es precisamente el motivo por el cual el Poder de los 5 segundos es tu aliado. Es una herramienta para cambiar tu actuación y tu comportamiento, y que coincidan con tus objetivos y tus compromisos. No es una herramienta para pensar, y al fin y al cabo necesitarás hacer más que pensar si quieres cambiar tu vida.

Wilson está totalmente de acuerdo con esto. Dice que «nuestras mentes no son tontas. No podemos decirle a nuestra mente "Piensa en positivo". Tienes que darle un empujón para que tire adelante». Tienes que atravesar los pensamientos que te detienen y tienes que romper con los hábitos que te cortan las alas. Y luego, tienes que reemplazar cada uno de estos hábitos destructivos por el hábito de la valentía.

En la siguiente reunión, Christine tendrá que practicar la valentía del día a día. Tendrá algo que decir y se sentirá insegura e incómoda. Dudará de ella cuando esté a punto de compartir sus ideas y luego, vacilará y notará cómo le cuesta. Este es el momento de dar el empujón. Es un momento en el que tus valores y objetivos se alinearán, pero tus sentimientos te dirán «¡NO!» Christine tendrá que utilizar el Poder de los 5 segundos para forzarse a hablar.

Cuanto más utilice la Técnica, más rápido romperá el hábito de quedarse callada en las reuniones y lo reemplazará por el hábito nuevo: la valentía. Cuanto más se exprese con la voz de su yo verdadero y saque las ideas que lleva dentro, más viva, conectada y poderosa se sentirá.

Nate sabe exactamente cuánto poder le proporciona esto: está utilizando los 5 segundos «cada día» para esforzarse a hacer crecer su negocio de salud y bienestar:

> Buah, que bien... hace tiempo que lo pienso cada día. Hoy lo acabo de utilizar en el hospital donde trabajo para conocer a una chica con un aspecto impecable que no conocía mi negocio y a la que le ha interesado. Ella estaba esperando a que la atendieran y me acerqué a ella, empecé una conversación y he conseguido su información de contacto para hablar y, potencialmente, compartir el material de mi negocio con ella más adelante.

Esforzándose para salir de su zona de confort es como Carol juntó la valentía para conseguir uno de sus #objetivosvitales #listadedeseos: hacer una presentación en una conferencia profesional para sus compañeros enfermeros.

**Carol**
15 de octubre a las 22:42 · Aberdeen, Maryland · 🌐

Quiero darte las gracias, Mel Robbins, por ayudarme a conquistar mi miedo a hablar en público... En mayo de 2016, escuché una charla tuya en el National Teaching Institute y me inspiraste a desafiarme para mejorar y "salir de mi zona de confort". Me conmovió mucho tu charla... Mi primer paso fue entregar mi proyecto para una ponencia en la AACN (American Association of Critical-Care Nurses), me aceptaron y hablé delante de mis compañeros enfermeros unas horas antes de que llegara el huracán Matthew... #objetivosvitales #listadedeseos

Cuando invitaron a Alexandra a dar una presentación en el trabajo, tenía la cabeza llena de excusas. En cuestión de 5,4,3,2,1 pasó a la acción en un momento que lo cambió todo, y esto le dio la confianza necesaria para impartir una ¡clase de posgrado!

Cuando me invitaron a dar mi primera presentación (de marketing digital) pensé: "Ah, guay, ¿pero realmente voy a hacerlo? No es 100% mi especialidad... y es en otra ciudad... ¡Y me tendré que despertar TEMPRANO un SÁBADO! Y, además, me espera una semana súper ocupada y agotadora, ¿cuándo me prepararé la presentación? Y un último detalle: ¿les gustará? ¿A lo mejor se ríen de mí?"

Luego, en cuestión de 5,4,3,2,1, me levanté y pensé: "¡Mel Robbins me hubiera dicho que SÍ sin pensárselo dos veces!" ¡Y esto es lo que hice! ¡Ese momento lo cambió todo! Con la ayuda de mi maravilloso marido, me preparé la presentación, la repasé unas mil veces, me tomé mi tiempo, practiqué delante del espejo y me enorgullece decir que ¡la clase de inversiones en marketing digital fue un éxito! Después de eso me invitaron a dar más y más presentaciones ¡e incluso he impartido una clase de postgrado!

Gracias por todos los videos, libros y publicaciones en las redes sociales, Mel, ¡¡has cambiado mis NOs por SÍes!!

¡Aquí tienes una foto de la primera presentación! ¡Mantenme al día!

**Un abrazo Alex**

El motivo por el cual es tan liberador utilizar #5SecondRule es porque no solo vives el momento, sino que también tomas las riendas de tu vida. Cambias tus NOs por SÍes. Tal y como dice Jim, nunca subestimes tu poder. Él ha utilizado la Técnica para vencer la parálisis del análisis y pasar un año increíble.

 **Jim Goldfuss** El Poder de los 5 segundos de Mel Robbins me ha llevado a pasar un año increíble. Las cosas que he hecho y en las que me he involucrado, requieren actividad y compromiso de mi parte, pero he utilizado la Técnica para impedir la parálisis del análisis y evitar cuestionármelo todo. He hecho cosas maravillosas. ¡Nunca subestimes tu poder, y siempre utiliza las herramientas que utiliza la gente triunfadora para conseguir tus objetivos! ¡¡¡Estoy muy emocionado con la dirección que está tomando este año!!!

Tal y como dijeron Wilson y Aristóteles, «Haz el bien, sé bueno». Cambia primero tu comportamiento porque cuando lo hagas, cambiarás la manera como te percibes. Esto es exactamente lo que Anna Kate descubrió utilizando la Técnica. Ella es una profesional del *marketing* que normalmente se quedaba callada cuando la miraban en las reuniones, preocupada por si sus compañeros pensaban que era «tonta e inexperta». Pero cuando reunió la valentía para cambiar su comportamiento en el trabajo, descubrió algo que no se hubiera podido imaginar: su «creatividad se fortaleció».

*«Hola Mel,*

*Te voy a explicar mi historia con la técnica de los 5 segundos:*

*Mientras me arrastraba para salir de la cama (en 5 segundos) para poder tomarme mis 30' antes de las 7.30 (¡gracias a tu inspiración!) y otras rutinas matinales, mi trayectoria profesional ha recibido una gran influencia de la técnica de los 5 segundos.*

*Trabajo en* marketing, *así que estamos siempre activos para encontrar nuevas ideas. Cada nueva idea puede despegar y convertirse en una campaña brutal en la que nuestros clientes pueden cosechar enormes resultados. Sí, estamos hablando de un pequeño pálpito. Para poder tenerlo todo bajo control, me gusta llevar una libretita en el bolso así la puedo tener en todas partes y la utilizo para anotar rápidamente tareas, pero sobre todo ideas.*

*Con el Poder de los 5 segundos, no le doy demasiadas vueltas a mi idea o tomo en consideración su vida a largo plazo, ni la consulto con rangos superiores para que me den su aprobación: ya lidiaré con ella más adelante. Simplemente necesito tenerla en papel. Más tarde, vuelvo a mi libreta y me tomo el tiempo para valorar una estrategia sólida.*

*Yo, antes, era una cobardica a la hora de compartir ideas ¡o incluso apuntármelas! Era tímida y me preocupaba lo que la gente pudiera decir de mí o si pensarían que soy tonta e inexperta. Desde que he dejado de lado mi síndrome de gato miedica, mi creatividad se ha fortalecido. Ahora, ni me acuerdo de lo que me preocupaba tanto antes.*

*¡Gracias por la técnica de los 5 segundos!*
*P.D. A mi equipo le gustan mis ideas :)*
*Anna Kate.»*

Puede que te sientas como un «gato miedica», pero que en 5- 4- 3- 2- 1 actúes con valentía. En el corazón de la valentía cotidiana hay una elección. Cada cinco segundos tomas una decisión para hacer, decir o perseguir lo que realmente es importante para ti. Cada vez que te enfrentas a tus dudas y 5- 4- 3- 2- 1 las superas, te demuestras que eres capaz. Cada vez que vences el miedo y 5- 4- 3- 2- 1 lo haces de todas formas, muestras tu fuerza interior. Cada vez que destruyes tus excusas y 5- 4- 3- 2- 1 lo dices, honras la grandeza que hay dentro de ti y que quiere ser escuchada. Así es como se gana la confianza: con cada pequeño movimiento de valentía.

~~Tendría que~~
~~haber~~
~~Podría haber~~
~~Habría~~
Hice.

# CAPÍTULO OCHO

# CÓMO EMPEZAR A UTILIZAR EL PODER DE LOS 5 SEGUNDOS

> «TANTO SI CREES QUE PUEDES COMO SI NO,
>
> TIENES RAZÓN.»
>
> HENRY FORD

La manera más rápida de implementar el Poder de los 5 segundos es empezar a utilizarlo de la misma forma que lo hice yo. Aquí tienes un sencillo Reto para despertarse que puedes hacer mañana por la mañana para que le des la salida a tu uso de la Técnica. Ponte el despertador 30 minutos antes de lo normal, y en el momento en el que suene, cuenta 5- 4- 3- 2- 1 y date un empujón para salir de la cama.

## Cambiar es sencillo, pero no fácil

Hay unos cuantos motivos por los que este Reto es importante.

**Para empezar,** no hay lugar para el holgazaneo. El Reto es simple. Solo tú, el despertador y 5- 4- 3- 2- 1. Si fracasas, es porque has tomado la decisión de mandar #5SecondRule al carajo.

**Segundo,** si puedes cambiar tu rutina matutina, puedes cambiar cualquier cosa. Para cambiar necesitas actuar deliberadamente, sin importar cómo te sientes. Si puedes tomar el control de este aspecto de tu vida, puedes hacerlo también en cualquier aspecto que estés intentando mejorar.

**Tercero,** quiero que experimentes un concepto llamado «energía de activación» y que te des cuenta de lo difícil que es empujarte a hacer cosas simples. En el ámbito de la química, la «energía de activación» es la cantidad mínima de energía que se necesita para empezar una reacción química. Los químicos han descubierto que esta cantidad inicial de energía es mucho mayor que la media de energía que se necesita para mantener la reacción activa. ¿Y qué tiene que ver esto con despertarse por la mañana? Mucho. La cantidad inicial de energía para empujarte a salir de la cama es mucho mayor que la energía que utilizas una vez ya estás de pie y andando.

El famoso psicólogo Mihlay Csikszentmihalyi aplicó este concepto en el comportamiento humano, y culpó la energía de activación como una de las razones por las cuales era tan difícil cambiar. Él define la energía de activación como ese «enorme empujón inicial que se necesita para cambiar», tanto si es para conseguir empujar un coche estropeado hacia delante como si es para salir de la cama por la mañana.

Jerome, de Filipinas, escribió:

*«Es una sensación incómoda porque mi cuerpo y mi mente no están preparados para este tipo de técnica. Pero tengo la intención de practicarla».*

La primera ronda de energía de activación es extremadamente incómoda, pero experimenta la resistencia para que puedas aprender lo que se siente al empujarte.

Si no pillas ese gran empujón (como el que recibías cuando eras niño y tu madre te apagaba la tele y te decía «Hace un día precioso, sal y haz algo»), tu cerebro te llevará inevitablemente por el camino de no hacer nada.

Cuando empiezas a contar 5- 4- 3- 2- 1, es el inicio de una reacción en cadena que no solamente despierta tu córtex prefrontal, sino que también te prepara para hacer ese «enorme empujón inicial» que se necesita para cambiar.

Si te levantas justo en el momento en el que suena el despertador, te concedes poder personal. Esta pequeña acción de levantarte cuando suena el despertador demuestra que tienes la fuerza interior necesaria para hacer lo que tienes que hacer. Además, tal y como descubrió Emma, te dará una visión mucho más positiva del día.

**Emma**

Hola Mel, anoche escuché tu charla TED y esta mañana me he despertado por primera vez desde hace… años… cuando me ha sonado el despertador, sin darle al botón de posponer. ¡Nunca había tenido una visión tan positiva del día! ¡Qué ganas tengo de probar esta táctica en todos los aspectos de mi vida! ¡Sólo quería que supieras que tus palabras y lecciones de vida llegan a gente de todo el mundo!

A Tracy le pasó lo mismo. Se despertó a las cinco de la mañana y utilizó la Técnica para empujarse a salir de la cama e ir al gimnasio. De ese modo, Tracy pudo empezar su día de forma positiva.

tracy

He empezado el día con un entrenamiento de buena mañana… y un poquito de ayuda del #5SecondRule ¡¡Gracias, @melrobbins!!

5:00
Martes, 21 de junio

¡¡Tú puedes!! 54321 👏
Posponer

Si no consigues salir de la cama, nunca serás capaz de perseguir todos los otros cambios que quieres hacer en la vida. Y si das ese paso tan sencillo de tomar el control de tus mañanas, catalizarás una cadena de eventos que te llevarán a cambiarlo todo.

## Cómo predisponerte para el éxito

**1.** Antes de irte a la cama, coloca el despertador en otra habitación de la casa y póntelo 30 minutos antes de lo que te despertarías normalmente. Aunque no sea fácil arrastrarte para sacar el culo de la cama, como lo describe Patty, tienes que empujarte a cumplir el Reto.

---

 **Patty**

Te acabo de escuchar en TED: mañana maldeciré tus huesos cuando me despierte 30 minutos antes, ¡pero conseguiré "arrastrar mi bonito culo fuera de la cama"!

---

Puede que te preguntes por qué quiero que empieces este ejercicio despertándote 30 minutos más temprano. La razón es sencilla: quiero que percibas la dificultad, como si realmente tuvieras que arrastrarte para salir de la cama, como decía Patty.

**2.** Mañana por la mañana, tan pronto te suene el despertador, abre los ojos y empieza la cuenta atrás: 5- 4- 3- 2- 1. Aparta las sábanas, levántate y sal de la habitación. Empieza el día. Nada de aplazarlo. Nada de cubrirse la cabeza con la almohada. Nada de entretenerse, nada de posponer la alarma, nada de volver debajo de las sábanas.

Esto es lo que puedes esperar: tan pronto suene el despertador, pensarás en si te *apetece* salir de la cama. Pensarás «*Esto del Reto para despertarse es una tontería*». Te sentirás cansado. Intentarás convencerte de que tienes que «*empezar mañana*».

Tal y como le pasó a Tim, no querrás despertarte, pero el Poder de los 5 segundoste ayudará a ganar la batalla con tus sentimientos, proporcionándote algo que hacer para ayudarte a salir de la cama.

> ¡Buenos días! Quería decirte que he utilizado el poder de los 5 segundos esta mañana. Me ha sonado el despertador a las 4:30 para ir al gimnasio. No me quería despertar, pero luego me he acordado de la técnica de los 5 segundos e inmediatamente me he despertado. ¡Simplemente quería agradecértelo!

Cuando se ha acordado de la Técnica, Tim ha sido capaz de salir de inmediato de la cama e ir al gimnasio. Muchos de nosotros vamos por la vida con una actitud de «no me apetece». En esos momentos, la Técnica te ayudará a pasar a la acción como le ha pasado a Jessica:

*«Me he dado cuenta de que el 5- 4- 3- 2- 1-YA me ayuda en esos días en los que me invade la actitud del "no me apetece", lo cual es cada día, así que, de nuevo: ¡GRACIAS!».*

Esa actitud del «no me apetece» tiene la habilidad de apoderarse de tu día entero y este es otro motivo por el cual el uso de la Técnica es tan importante. Tiene un efecto gota a gota en el resto de tu vida. Y si no, pregúntaselo a Stephen, que me escribió para contarme su experiencia la noche antes de probar el Reto para despertarse.

> Vi tu charla TEDx en YouTube. Realmente inspiradora.
> Mañana me despertaré a las 6:30 y apartaré las sábanas.
> Nada de posponer la alarma.
>
> Stephen

Le pregunté cómo le fue lo de madrugar. Me dijo que fue una mierda cuando lo intentó por primera vez, pero que con el tiempo ha notado una enorme diferencia. Su manera de pensar cambió en un lapso de pocos minutos y desde que empezó el Reto para despertarse, ha encontrado un nuevo trabajo que le ha permitido empezar a vivir la vida.

> ¿Que cómo me fue? Una mierda. Odio las mañanas. También he odiado casi todos los trabajos que he tenido. Siempre me conformo y pocas veces persigo mis pasiones. Siempre he estado «bien».
>
> Cuando te mandé el mensaje porque me quería despertar a las 6:30, llevaba 4 meses sin trabajar. No te voy a decir que no me he quedado dormido ninguna vez desde entonces, pero he notado una enorme diferencia. Tenía una manera de pensar que no me permitía conseguir un nuevo trabajo que me importara realmente y en el que me pagaran lo suficiente para pagar las facturas, ahorrar para la jubilación y vivir la vida. Esa primera mañana fue terrible, pero solamente durante los primeros momentos. Mi forma de pensar cambió en un lapso de pocos minutos. Me había despertado y estaba a punto para conquistar el mundo. Desde entonces, he cambiado de trabajo y ahora trabajo para una empresa, y vendo servicios en los que creo firmemente. Y el nuevo salario no solo me permite pagar las facturas, sino que también voy a poder ahorrar para la jubilación y empezar a vivir la vida y a volver a divertirme.
>
> Supongo que, si tuviera que resumírtelo, sería lo siguiente:
> Me encanta ayudar a otras personas y desde hace tiempo tenía la idea de poder hacerlo a través de un negocio, adquiriendo y compartiendo conocimientos, riquezas y recursos con otros para permitirles perseguir sus pasiones. Desde el 12 de septiembre, he acabado con el botón de posponer y ya no existe el autopiloto. Que se prepare el mundo, porque llego yo y traigo amigos.

Como ves, Stephen ha acabado con el botón de posponer y ya no existe el autopiloto, y ha notado una enorme diferencia. Stephen no solamente ha pasado a levantarse más temprano. Ha pasado de ser un tío que siempre se conformaba y que pocas veces perseguía sus pasiones, a ser una persona que ha cogido las riendas de su vida con cada decisión de cinco segundos que toma. Y todo empezó despertándose justo cuando sonaba el despertador.

Si te puedes despertar a la hora, empezar tu día con energía, planificar con tiempo, pensar en tus objetivos y centrarte en ti, y todo eso antes de que te quedes empantanado en tu rutina diaria, simplemente lograrás más cosas. Este es el primer paso para coger el control de tu vida.

Recuerda, aunque yo creé la Técnica para ayudarme a salir de la cama, #5SecondRule consiste en algo muchísimo mayor que despertarse a la hora. Consiste en despertar el poder que hay en ti y utilizarlo para revolucionar tu vida.

Después de probar el Reto para despertarse, dime lo que has descubierto de ti al utilizar el Poder de los 5 segundos. Puede que te des cuenta, como le pasó a Stephen, de que era una mierda pero que, con el tiempo, con este pequeño cambio, notes una enorme diferencia.

Ahora que ya sabes cómo empezar, en un nivel básico, las próximas tres partes del libro se adentrarán en cómo puedes utilizar la Técnica para alcanzar objetivos específicos incluyendo la productividad, vencer el miedo, sentirse más feliz o enriquecer tus relaciones.

~~Estoy cansado.~~
~~Hace frío.~~
~~Hace calor.~~
~~Está lloviendo.~~
~~Es demasiado~~
~~tarde.~~
Ya.

# PARTE 3

## LA VALENTÍA TE CAMBIA EL COMPORTAMIENTO

# CÓMO CONVERTIRTE EN LA PERSONA MÁS PRODUCTIVA DEL MUNDO

Me gusta decir que el Poder de los 5 segundos no conoce límites. Funciona con cualquier tipo de cambio en el comportamiento que intentes llevar a cabo. Las aplicaciones de #5SecondRule solo tienen los límites de tu imaginación. Si quieres adoptar un nuevo hábito positivo, utiliza la Técnica para 5- 4- 3- 2- 1 y empújate a hacerlo.

También puedes utilizar la Técnica para alejarte de comportamientos destructivos como el juego, la bebida, las drogas y el comportamiento impulsivo como la microgestión de tu equipo, las explosiones de frustración, y los atracones de ver demasiadas series en la tele. Simplemente 5- 4- 3- 2- 1 para tomar el control y apartar tu foco de atención del comportamiento destructivo o impulsivo. Luego date la vuelta y lárgate. Como todos los cambios, es sencillo, pero no fácil, y la Técnica te ayudará a llevarlo a cabo.

Hay tres cambios de comportamiento acerca de los que recibo correos constantemente: salud, productividad y procrastinación. En esta sección del libro los abordaré. Aprenderás paso a paso cómo puedes utilizar el Poder de los 5 segundos en combinación con algunas estrategias basadas en investigaciones científicas recientes para mejorar estas tres importantes áreas de tu vida.

**Primero**, aprenderás el secreto de mejorar tu salud. No te gustará, pero funciona. Verás comentarios de gente de todo el mundo que han utilizado #5SecondRule para conseguir cosas realmente impresionantes.

**Segundo**, aprenderás cómo aumentar tu productividad utilizando #5SecondRule y las últimas investigaciones relacionadas con la concentración, la productividad y tu cerebro. Hay una información en particular sobre el botón de posponer y la repercusión que tiene en nuestra productividad, que te va a sorprender.

**Tercero**, te adentrarás en un tema que nos afecta a todos como si fuera la peste: la procrastinación. Aprenderás acerca de las dos formas de procrastinación y el método paso a paso para utilizar #5SecondRule y combinarlo con 19 años de investigaciones sobre cómo vencer la procrastinación de una vez por todas.

Todo lo que estás a punto de aprender se puede implementar de inmediato y está basado en datos científicos. Para alcanzar tu potencial tendrás que esforzarte: no hay otra manera.

# O dominas el día o el día te dominará a ti.

# CAPÍTULO NUEVE

# MEJORA TU ESTADO DE SALUD

«LA VALENTÍA ES EL COMPROMISO DE EMPEZAR

SIN TENER NINGUNA GARANTÍA DE ÉXITO.»

JOHANN WOLFGANG VON GOETHE

Casi la mitad de los mensajes que he recibido son de personas como tú y como yo, que quieren mejorar su estado de salud. Ya sea para mejorar la figura, para ponerse cachas, perder peso, bajar el colesterol, curarse de una enfermedad, comer más sano o mejorar la fuerza y la flexibilidad. Sea lo que sea, puedes utilizar el Poder de los 5 segundos para llevarlo a cabo.

La cruda realidad es que pensar en estar más saludable no hará que estés más saludable. Incluso la meditación, una práctica mental, requiere que la PRACTIQUES. No hay manera de esquivarlo. Tienes que pasar a la acción.

Lo irónico es que ningún otro aspecto de nuestra vida tiene más información, apoyo, investigaciones, opciones y contenidos gratuitos que la salud y el bienestar. Podrías poner en Google «dieta», descargarte los 20 mejores resultados de la búsqueda, imprimírtelos, colgarlos en una tabla de dardos y seguir la dieta en la que claves el dardo. El problema son siempre tus *sentimientos* acerca de hacer dieta. Lo mismo pasa con hacer ejercicio.

Como a Ana, nunca nos apetece hacer ejercicio y dejamos que estos sentimientos se interpongan en el camino de nuestro deseo de ser más saludables. Utilizando #5SecondRule, Ana se dio un empujón para 5- 4- 3- 2- 1 y volver a la bici:

**almuzel**
Kor180 >
...

❤️ 36 Me gusta

**almuzel** nunca me «apetece» hacer ejercicio. Pero hoy he tenido el placer de escuchar una charla de @melrobbins en el almuerzo de @visitaustintx: su «Técnica de los 5 segundos» es inspiradora. «Todos sabemos lo que tenemos que hacer para lograr el cambio, pero los "sentimientos" se interponen en el camino». Así que 5- 4- 3- 2- 1, vuelvo a la bici. Me sabe mal por la persona que está a mi lado y tiene que escuchar mi hiperventilación: parece un minueto 🚴 📷 @kor180.

Sí, puede que hiperventiles cuando estés en la bici, pero ¿a quién le importa? Suena mejor que estar en casa inventándote excusas.

Cada dieta, programa de ejercicio, circuito en el gimnasio, clase de entrenamiento, régimen de terapia física, rutina de *cross-training*, programa de meditación y cada pose de yoga mejorará tu salud. Pero aquí está el quid de la cuestión: TIENES QUE HACERLO. Y, créeme, te entiendo. Yo detesto hacer ejercicio, sobre todo si hace frío o está lloviendo. Lo odio tanto como salir de la cama. Sin #5SecondRule nunca lo haría.

¿Por qué es tan difícil mejorar tu salud? Ya sabes la respuesta: tus sentimientos. Si *tienes la sensación de que te falta* pan, no seguirás tu dieta sin gluten. El momento en el que te planteas *si te apetece* comerte una ensalada durante los próximos 113 días, te autoconvencerás de que no quieres hacerlo. El momento en el que ves el entrenamiento de CrossFit de hoy y te planteas *si te apetece* hacer tres series de 45 repeticiones de flexiones con un montón de gente, no te apetecerá salir de casa e ir.

¿Te hará feliz seguir una dieta? Totalmente. ¿Ver a tus amigos en CrossFit y hacer ejercicio te hará feliz? Más te vale estar convencido de que sí. Y si no, pregúntaselo a Melanie, que tuvo problemas para salir del maldito sofá antes de conocer la Técnica.

Querida Mel,

Quería darte las gracias. Gracias por expresarlo de una forma con la que me siento identificada. Para hacerme salir del maldito sofá y de mi cabeza. Por vivir el momento y, simplemente, ¡ser mi mejor yo! Qué alivio. ¡Libertad y pasos de gigante!

Y a la que se empezó a mover, Melanie sintió libertad y pasos de gigante, algo que todos queremos. En el momento en el que aceptas el hecho de que <u>sólo queremos hacer las cosas que nos parecen fáciles</u>, te das cuenta de que el secreto para estar más sano es sencillo: nunca te apetecerá, ¡simplemente tendrás que 5- 4- 3- 2- 1-¡YA!

Darle plantón al gimnasio, ir al McAuto y desaprovechar el tiempo en Facebook es mucho más fácil que hiperventilar en una clase de *Spinning* o eliminar el azúcar de tu dieta. Si quieres perder peso, sigue una dieta, haz ejercicio con regularidad, solo tienes que hacer una cosa: dejar de pensar cómo te sientes. Tus sentimientos no importan. Lo único que importa es lo que HACES.

Erika se dio cuenta de esto. Incluso después de haber empezado la odisea de perder peso, vio que había perdido toda la motivación para hacer sus ejercicios y siempre encontraba una excusa para no ir al gimnasio.

---

¡Hola Mel!

Soy una gran fan tuya, el año pasado te vi en la CNN y me quedé intrigada. Hace un año que te sigo en Twitter y tus inspiradores tweets me ayudan mucho, pero lo que realmente me ha ayudado ha sido #5SecondRule.

Al fin he conseguido poner mi culo en marcha este año y he empezado a perder los quilos que había acumulado durante los últimos dos años. Este año he perdido 15 kilos y, sin embargo, veo que he perdido toda la motivación para hacer mis ejercicios. Siempre encuentro una excusa: he salido muy tarde del trabajo, no tengo suficiente tiempo, bla bla bla.

Vi tu video sobre perder peso en tu blog hace unas semanas y tenías razón en cada cosa que decías. Nunca me apetecerá hacer ejercicio, pero si quiero resultados continuados, necesito hacer ejercicio.

He estado utilizando tu #5secondsrule y hoy hace 7 días que no me he saltado ningún entrenamiento. Sigue habiendo días en los que no quiero hacer ejercicio, pero tengo objetivos y si me convenzo de que tengo que hacer ese entrenamiento en los 5 primeros segundos, ya lo tengo en el bolsillo.

¡Qué ganas de que salga tu libro!

---

Una vez se dio cuenta de que nunca le apetecería hacer ejercicio, Erika fue capaz de encontrar ocasiones de cinco segundos de oportunidad y empujarse a actuar. El ejercicio es algo cien por cien mental. Tu cuerpo no llegará allí donde tu mente no quiera empujarlo. Por eso #5SecondRule es un punto de inflexión en tu salud.

Así es CÓMO se utiliza…

5- 4- 3- 2- 1-YA, al gimnasio.

5- 4- 3- 2- 1-YA, deja el donut y come pechuga de pollo a la plancha.

5- 4- 3- 2- 1-YA, vete de la panadería, aunque el pan y los postres te estén seduciendo como un canto de sirena.

Hay personas por todo el mundo que estaban más gordas que tú, que son más perezosas y están menos en forma que tú, que han utilizado el 5- 4- 3- 2- 1 para cambiar por completo su cuerpo, su mentalidad y su vida.

Como es el caso de Charles. Cuando se puso en contacto conmigo por primera vez pesaba 174 kilos. Su cintura medía 137 cm. Mira las fotos de su publicación en Facebook y verás lo fondón que estaba.

**Charles**

Día 529 de comida saludable y zumo a tope.
Peso inicial 174 kilos. Cintura 137 cm.
Peso actual 108 kilos. Cintura 94 cm.
¡¡¡¡Lo que te motiva marca la diferencia!!!!

------------------------------------------

Mi odisea para perder peso empezó el 15 de enero de 2015, pero si no hubiera sido por el poder de los 5 segundos, ¡nunca hubiera conseguido emprender este camino!

El 28 de febrero de 2014 vi una charla de Mel Robbins en TED: Cómo dejar de machacarte a ti mismo. Uno de los elementos clave de la charla es el poder de los 5 segundos. "Si tienes un pensamiento, un impulso o una idea y no conectas una acción a lo que estás pensando, ¡estarás perdido!"

Después de ver la conferencia, puse la técnica en marcha. Verás, ese fue el día en el que por primera vez me confesé a mí mismo que quería ayudar y motivar a otros, y en ese momento hice algo en 5 segundos, dije en voz alta lo que quería hacer ¡y lo escribí! "Lo pongo en marcha."

Pensé que debería mandarle un correo a Mel para agradecérselo, y esto es algo que yo no hubiera hecho nunca de normal, pero en 5 segundos lo hice, y me respondió y nos acabamos conociendo por teléfono e impactó mi vida de tantas maneras que nunca me lo habría llegado a imaginar. Desde ese día de febrero de 2014, volví a tener las riendas de mi vida. Estas son algunas de las cosas que me han pasado:

1. He perdido 80 kilos.
2. Estoy haciendo de coach, inspirando y ayudando a otras personas.
3. Conocí a Joe Cross (abogado, empresario y cineasta australiano conocido por el documental Gordo, enfermo y casi muerto).
4. Tomé sólo zumos durante 300 días seguidos.
5. He subido 25 de mis charlas (espero estar en TEDTalk en un futuro).
6. Siempre intento vivir con el Poder de los 5 segundos y poner mis pensamientos, ideas e impulsos en acción, porque nunca sabes adónde te llevarán.

¡No tires nunca la toalla, no te rindas nunca! Con mucho amor,
Gracias Mel Robbins por ponerme en marcha en 5 segundos.

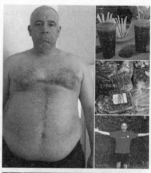

Imagínate lo fatal que se sentía. Ahora mira la otra foto, la de abajo: celebrando su vida. Es realmente una persona distinta. ¿Cómo lo hizo? Tomando bebidas que saben a hierba. Puede que estés pensando: «Qué asco». Pero este es el precio que pagó para alcanzar su objetivo. Actualmente, tiene un negocio que se llama Juicing Strong que ayuda a la gente a convertirse en la versión más saludable de ellos mismos.

Durante 529 día seguidos, se esforzó para mantener la promesa que se hizo. ¿Por qué? No porque le apeteciera, sino porque dijo que lo haría. Imagínate si Charlie se hubiera pasado los últimos 529 días *pensando* en perder 80 kilos en vez de tomar zumos. ¿Qué hubiera pasado? Nada. Alexandra también encontró la manera de llevar un estilo de vida más saludable tomando zumos:

---

¡Hola! ¡Soy Alexandra, de Brasil!

Esta es mi experiencia con la técnica de los 5 segundos:

¡Cada día me paso por lo menos una hora haciendo zumos! Sí, zumos frescos verdes, lilas, naranjas, rojos que me han cambiado la vida y me encantan. Pero la vida es un frenesí.

Así que cada día a las 17:30 tengo la bandeja de entrada del correo llena con planes de marketing e informes que tengo que mandar y caaaasi pienso "a lo mejor me salto el zumo hoy". ¡PERO NO! ¡DE NINGUNA MANERA!
Respiro y pienso: los correos no se irán a ninguna parte y a nadie le pasará nada si aplazo dos horas el informe… así que se trata de 5, 4, 3, 2, YA, ZUMO. Y funciona…cada día :)

---

Tanto Charlie como Alexandra se dieron cuenta de que cuando sigues tus instintos para llevar un estilo de vida más saludable y pasas a la acción con valentía, las cosas empiezan a cambiar en tu vida.

Se necesita valentía para empezar algo, se necesita valentía para no perder el ritmo y obviamente se necesita valentía para compartirlo con el mundo. Esto es lo que me describió Pakinam. La valentía es lo que se necesita para perder peso porque a veces, tal y como dice Pakinam, el hueco entre donde estás y donde quieres estar parece tan grande que no podemos ni afrontar la cantidad de trabajo que tenemos por hacer:

*«Hola Mel,*

*Durante toda mi vida he tenido sobrepeso. Ahora estoy intentando seguir una dieta por primera vez en la vida. Me siento perdido y atrapado, pero sigo adelante. Tengo un enorme sentimiento de inseguridad y vulnerabilidad. ¿Me lo podrías explicar?».*

La respuesta corta es que el hueco entre la persona que eres y la persona en la que te quieres convertir puede parecer tan grande que parezca imposible conectar los dos lados del hueco. Sentirse así es normal, pero dejar que estos sentimientos tomen el control de tu mente es una forma de tortura que te haces a ti mismo.

Por eso me encanta Charlie y esta foto de su barriga al aire colgándole por encima de los pantalones. Con un empujón, todo el mundo puede conectar los dos lados del hueco en una balanza. Que el ejemplo de Charlie te inspire para empezar hoy. Y que sus resultados te motiven a seguir el plan.

Te quiero presentar a otra persona. Mark utiliza Facebook para comprometerse ante sus amigos. ¿Mil flexiones en un mes? ¡La madre! Yo no puedo hacer ni cinco en un día, #objetivosfitness

> **fujifocus** He decidido llevar mi fitness a otro nivel anunciando a mis amigos de Facebook que haría 5.000 flexiones, 2.000 abdominales y que correría 200 kilómetros en el mes de julio. Todo esto mientras estoy de vacaciones con mis hijos la mitad del mes e intento acabar de escribir un libro sobre vender negocios y cómo aumentar su valor, el cual, por cierto, empecé gracias a la poderosa técnica de los 5 segundos. Qué ganas tengo de leer tu libro, @melrobbinslive. Yo soy una prueba viviente de que tu fantástico consejo funciona. ¡¡Te quiero Mel!!

La disciplina del ejercicio diario también ayudará su otro objetivo personal y profesional de intentar acabar de escribir un libro. Cada día que Mark haga ejercicio, tendrá un cerebro preparado para ayudarle a acabar de escribir el libro. ¡Ánimos, Mark! Dinos algo cuando tu libro esté disponible.

A lo mejor 5.000 flexiones en un mes es un pelín demasiado. No te preocupes. ¿Qué te parece si simplemente te planteas un Reto de fitness? Mira a Anouk, ella lleva tres semanas con el suyo. Y nos cuenta la pura verdad sobre la salud y el ejercicio: «Realmente no me apetecía para nada, pero lo he hecho de todas formas TOMA TOMA TOMA».

TOMA para ti, Anouk, ¡molas! Y tú también molas, cuando te empujas para pasar a la acción aunque no te apetezca.

Si te agobia el pensamiento de ponerte en serio con esto, te presento a Alice. Ella tiene diecinueve años y es de Inglaterra. Me escribió porque se encontraba en una mala situación. Lo describe así:

*«Tengo ansiedad y agorafobia, y estos dos trastornos realmente me han pasado factura. He ganado 14 kilos, lo cual me ha hecho aún más infeliz y ha acentuado que me quedara siempre en casa. Además, sentía la presión de mis padres para cursar una determinada carrera en la universidad y me convencí de que me parecía bien hacerlo para complacerles... Vi tu video y me hizo pensar, ¿es esto lo que realmente quiero? ¿Realmente me parece bien tener el tamaño que tengo? ¿Me merezco tener lo que quiero?*

*No te voy a mentir, tardé un tiempo, pero miraba tu charla como una vez por semana y luego tuve el impulso...».*

Tuvo el instinto de mostrarse su cara real. Tuvo el deseo de aceptarse y tomar el control de su vida. Tuvo la necesidad de cambiar. ¡Y lo hizo! No solo habló con sus padres, sino que cambió de carrera.

*«Me aceptaron en la universidad que yo quería y en las clases que yo quería, y empiezo en octubre. En lo que a mi peso respecta, desde diciembre he perdido 13 kilos comiendo sano, cumpliendo una buena rutina de ejercicios y todo gracias a tu técnica de los 5 segundos.*

*Espero no haberte robado demasiado tiempo, pero realmente quería decirte ¡cuánto has impactado en mi vida! Aún me queda mucho por recorrer, pero cuando siento que doy un resbalón, ¡me vuelvo a mirar tu charla!»*

Esto es lo que se necesita. Se necesita valentía para hacer lo que hizo Alice. Se necesita valentía para ser honesto contigo acerca de lo que quieres. Se necesita valentía para reafirmarte, para empezar. A menudo, el primer paso es el más difícil. Si descarrilas o das un «resbalón», puedes reencaminarte. Resbalarse es normal. Habrá días en los que no te apetecerá. Recuerda que puedes retomar el control. Solo necesitas cinco segundos.

Y si no, pregúntaselo a Kristin. En su publicación en Instagram dice algo realmente importante: «El primer paso, salir de la cama, es el más difícil. Pero merece mucho la pena». No importa cuántas veces hagas ejercicio, ponerte en marcha cada día es la parte más difícil.

Kristinsb el primer paso, salir de la cama, es el más difícil. Pero merece mucho la pena cuando empiezan a rodar los pies en los pedales. #5secondsrule #entrenando #equipobetty2016 #estaratopeesbonito #selfiecongopro #sesioncongopro #cinetica

¿Te acuerdas cuando te he contado que quería que empezaras a experimentar con la Técnica haciendo el Reto para despertarse? Es para que puedas experimentar la «energía de activación». Es la fuerza que se necesita para empezar alguna cosa, y esto es exactamente a lo que se refiere Kristin. Y tiene razón: merece mucho la pena. De hecho, no hay nada que merezca más la pena que aprender a darte un empujón para superar las excusas y acercarte un paso a la vida, al cuerpo o al futuro de tus sueños.

A lo mejor tu Reto de salud no gira alrededor del gimnasio. A lo mejor es algo mucho más aterrador como superar una enfermedad. No estás solo y necesitas valentía cada día para curarte, para vivir, y para conservar las fuerzas. Mucha gente ha escrito acerca de la batalla contra el cáncer y las complicaciones de salud, preguntándose cómo pueden recuperar su valentía y fuerza para luchar. #5SecondRule es una herramienta que puedes utilizar para encontrar tu fuerza interior para afrontar enfermedades graves.

Greg Cheek es un tío al que merece la pena seguirle la pista porque es un inspirador de narices. Cáncer en fase tres. ¿Qué ha hecho? ¡Ha corrido 10 maratones desde que le diagnosticaron! ¿No te parece increíble?

**Greg**

@melrobbins Corriendo mi maratón #10 en Hamburgo, Alemania, desde que me diagnosticaron cáncer en fase III. ¡Me has inspirado, Mel! Gracias Greg

**Greg**

@melrobbins ¡gracias Mel! Buena carrera hoy y gracias por tu inspiración. #maratondehamburgo #maraton

A lo mejor no se trata de correr maratones. A lo mejor, la salud para ti significa ser suficientemente valiente para hacerte una mamografía al año. Cuando le pidieron a Amy Robach, la presentadora del programa *Good Morning America* («Buenos días América») que se hiciera su primera mamografía en directo durante el mes de sensibilización sobre el cáncer de mama, su primera respuesta interna fue *no, ni de coña*. No tenía ninguna conexión con la enfermedad y no quería que pareciera que quería robar el foco de atención. Amy le pidió consejo a Robin Roberts, una antigua presentadora del programa y superviviente de cáncer de mama. Cuando Amy le contó a Robin que no se había hecho nunca una mamografía, Robin le respondió:

> «De eso se trata, Amy. Escucha. Nadie sabe mejor que yo lo incómodo que es que la gente te mire mientras pasas por un proceso médico. Pero el poder de salvar ni que sea una vida es tan extraordinario que no te arrepentirás nunca. Y creo que puedo garantizarte que salvarás alguna vida. Solo por el hecho de que tú te hagas una mamografía y desmitifiques esta prueba, alguien descubrirá que tiene cáncer, y que si no fuera por esto no lo hubiera sabido. Amy, un 80 % de las mujeres que tiene cáncer de mama, no tiene antecedentes familiares».

Allí, en el camerino de Robin, Amy decidió que se haría la mamografía. Volvió al programa unas semanas más tarde para revelar que la mamografía que se había hecho en directo por la tele le había salvado la vida: le diagnosticaron cáncer de mama. Amy pasó por una doble mastectomía, ocho rondas de quimioterapia y hoy ya no tiene cáncer.

Aunque Amy no utilizara #5SecondRule para tomar su decisión, recibió un empujón de Robin en un momento crítico y tomó una decisión en cinco segundos. Qué bien que hizo. Puede que tú no tengas tanta suerte de tener un compañero de trabajo que te dé un empujón, pero siempre te lo puedes dar tú mismo, 5- 4- 3- 2- 1-YA.

Para mejorar tu salud tienes que pasar a la acción. Puede que no pierdas tanto peso como Charlie, o que no corras maratones como Greg, pero puedes darte un empujón para ir al dentista, para hacer ejercicio o para ir al médico y que te hagan una prueba como, por ejemplo, una mamografía, o la prueba de detección del cáncer de próstata. Cuando te das un empujón como el que se han dado las muchas personas sobre las que has leído, la vida que cambiará va a ser la tuya.

La vida gira entorno a las decisiones que tomamos. Y en este libro he repetido una y otra vez que siempre puedes elegir la manera como actúas. Si tienes objetivos para mejorar tu estado de salud, lo que tienes que hacer es, normalmente, muy claro. Elije un plan a seguir, cualquier plan te funcionará, y luego 5- 4- 3- 2- 1-YA. Lo único que tendrás que hacer después de esto será PASAR A LA ACCIÓN cada día, aunque como dice Anouk, no te apetezca para nada.

Te he dicho que lo que tienes que hacer es sencillo. No te he dicho que fuera fácil. Te prometo que merece la pena. El ejercicio y la salud se reducen a una simple norma: no te tiene que apetecer. Simplemente tienes que hacerlo.

# Cúrratelo y despuntarás.

# CAPÍTULO DIEZ

# AUMENTA TU PRODUCTIVIDAD

«NADA FUNCIONARÁ SI TÚ NO FUNCIONAS.»

**MAYA ANGELOU**

La productividad se puede reducir a una palabra: CONCENTRACIÓN. Necesitas dos tipos de concentración para dominar la productividad: **primero,** la capacidad de controlar las distracciones para que te puedas concentrar en todo momento en la tarea que tienes entre manos, y **segundo**, la habilidad de concentrarte en lo que realmente es importante para ti en el panorama general, para que no desaproveches el día haciendo cosas inútiles.

Vamos a explorar los dos tipos de concentración, echar un vistazo a las investigaciones más recientes sobre el tema y aprender a utilizar #5SecondRule para controlar las habilidades de concentrar tu tiempo en lo que es más importante y dominar las distracciones cuando aparecen.

## Ponte serio a la hora de dominar las distracciones

Dominar distracciones es como perseguir objetivos de salud. Nunca te apetecerá, simplemente tienes que forzarte a hacerlo. Ya sabes que ser adicto al móvil, a los mensajes, a contestar correos es una distracción, pero parece imposible frenarlo.

Aunque sabes que deberías apagar las notificaciones, poner el móvil en silencio y dejar de mirar el correo cada cinco minutos, este conocimiento no te cambia el comportamiento. Te podría empapelar con investigaciones sobre lo malo que es, pero seguiría sin cambiarte el comportamiento. Aquí es donde #5SecondRule entra en juego: no tienes que querer hacerlo, solo tienes que empujarte a hacerlo.

**Primero**, tienes que convencerte de que las distracciones son algo malo. Cualquier tipo de interrupción es el beso de la muerte para tu productividad. Hay estudios que demuestran que las oficinas con espacios abiertos son una pesadilla para concentrarse. Mirar el correo puede convertirse en una adicción. Es por eso que los investigadores de comportamiento dicen que esta actividad te proporciona «recompensas aleatorias». Tienes que decidir que tus objetivos son más importantes que las notificaciones en el móvil. Es así de sencillo.

**Luego**, tienes que eliminarlas. No hace falta ser una lumbrera para saberlo. Pero no te voy a decir que sea fácil. Te prometo que si utilizas #5SecondRule, lo conseguirás. Cuando empiezas a eliminar distracciones y eres capaz de centrarte en lo que importa, ni te imaginas lo mucho que te va a ayudar, como dice Karen:

> **hendricks_luv** Ni te imaginas lo mucho ✕ que me has ayudado. Ni te lo imaginas. Cada día. De todo corazón, muchas gracias 😎

Hace poco estaba hablando de esto con mi hija Kendall. A ella le encantan las redes sociales, pero se pasa tanto tiempo con el teléfono que se estaba distrayendo del trabajo del instituto. Además, le provocaba inseguridades porque se comparaba constantemente con las publicaciones de los famosos y las supermodelos en las redes.

Igual que tú y que yo, ella sabía que las redes sociales le estaban provocando ser menos productiva cuando necesitaba concentrarse en sus deberes. Kendall decidió que la mejor manera de dominar las distracciones de las redes sociales era deshaciéndose de la tentación: así que se eliminó del móvil aplicaciones como Instagram.

Con sus palabras:

*«Después de eliminarlas, me di cuenta de lo insignificantes que eran para mi vida. Cuando tenía estas aplicaciones en el móvil, las abría y las miraba involuntariamente. Ahora que no las tengo, ya no tengo nunca el deseo de mirarlas».*

Y las distracciones no vienen solo en forma de tecnología o de redes sociales. Sarah se dio cuenta de que su desorden era una distracción tremenda en su vida y decidió pasar a la acción. Utilizó la Técnica para vencer el acaparamiento emocional y 5- 4- 3- 2- 1 donó, recicló, vendió y también tiró un montón de cosas:

 **oneisstarvedfortechnicolor**
Estoy utilizando la técnica de los cinco segundos para ordenar mi vida. Soy una acaparadora emocional y la situación se estaba volviendo problemática. Así que cuando pongo en orden mi basura, tomo una decisión en cinco segundos: y siempre funciona. He donado, reciclado, vendido y también tirado UN MONTÓN de cosas en las últimas semanas. Ahora me siento genial al no estar atada a cosas inútiles.

Al ordenar su basura con decisiones en cinco segundos, Sarah se siente genial, y ya no está atada. Así que, si sientes que te estás distrayendo como Kendall con las redes sociales o como Sarah con su entorno, este es un enorme momento de poder. Te acabas de despertar y ahora toca dar un cambio radical a tu entorno. 5- 4- 3- 2- 1. Elimina la distracción. Realmente es así de sencillo y la recompensa es poderosa.

El segundo tipo de concentración es el más poderoso y difícil de dominar: la concentración en el panorama general. Hay algo que he hecho para aumentar mi concentración en el panorama general, utilizando #5SecondRule, que me ha funcionado como ninguna otra cosa: ser la «jefa» de mis mañanas.

## Hazte el dueño de tus mañanas

Tomar el control de tus mañanas es un punto de inflexión en tu productividad. Lo que hice yo fue crear una rutina matutina. Alissa, después de implementar su propia rutina matutina, descubrió que había empezado a coger las riendas de sus días:

> **allthethingsetc** Vale, me he obsesionado un poco con @melrobbinslive, me encanta su mensaje y estoy poniendo en práctica su técnica, me levanto temprano (no lo soporto, pero quiero que me guste), desayuno (café, normalmente no como), ¡y no toco el móvil hasta que termino! Vacío la mente. Establezco mis intenciones ¡y cojo las riendas del día! #lunes #motivación #melrobbins

Justo como dice Alissa, cuando creas una rutina matutina y la sigues, estableces tus intenciones. Y una y otra vez, desencadenarás una serie de acontecimientos que te sorprenderán.

Yo tengo que agradecerle mi rutina matutina a Dan Ariely, un profesor de la Universidad de Duke. Según Ariely, las dos o tres primeras horas del día son las mejores horas para tu cerebro, una vez estás despierto. Así que, si sales de la cama a las seis de la mañana, tu pico de productividad y pensamiento será entre las 6.30 y las 9.00. Y así progresivamente.

Si tu casa se parece lo más mínimo a la mía, es un caos la mayoría de las mañanas. Darle comida al perro, preparar el desayuno y asegurarme de que mis tres niños están a punto para coger el bus e ir a la escuela, puede consumir más de una hora y comerse una parte de tu pico de productividad. Es por eso que me tuve que poner seria acerca de mis mañanas si quería convertirme en la jefa de mi día. Y empecé despertándome más temprano para tener tiempo de concentrarme mis objetivos generales antes de que el día me secuestrara.

Así es como yo cambié mi rutina para convertirme en mi jefa a la hora de centrarme en mis prioridades:

## Mi rutina diaria

**1. Me despierto cuando suena el despertador.**

Hemos trabajado la importancia de esto cuando hemos explicado el Reto para despertarse. Suena el despertador. Te levantas. Punto final. Para una máxima productividad, NUNCA tendrías que darle al botón de posponer. De hecho, hay una explicación neurológica para esto, que aprendí durante la fase de investigación para este libro.

Ya sabes que dormir bien es importante para la productividad. Pero ¿a que no sabías que **la manera de despertarte es tan importante como la manera de dormir?** Los científicos han descubierto recientemente que cuando le damos al botón de posponer, se produce un impacto negativo en la funcionalidad del cerebro y en la productividad ¡y ese efecto puede durar hasta cuatro horas! Esto es lo que tienes que saber.

Dormimos en ciclos que tardan entre 90 y 110 minutos en completarse. Unas dos horas antes de despertarte, estos ciclos acaban y tu cuerpo se empieza a preparar lentamente para despertarse. Cuando te suena el despertador, tu cuerpo está en modo despertar. Si le das al botón de posponer y te vuelves a dormir, fuerzas tu cerebro a empezar un nuevo ciclo de sueño que durará entre 90 y 110 minutos.

Cuando la «repetición» del despertador suena 15 minutos más tarde, la región cortical de tu cerebro, es decir la parte del cerebro que se encarga de tomar decisiones, de prestar atención, de estar alerta y de autocontrol, aún está en un ciclo de sueño. No será capaz de despertarse hasta que hayan pasado los 75 minutos que faltan para terminar lo que empezó el botón de posponer.

Puedes tardar hasta cuatro horas para sacarte de encima esta «inercia del sueño» y para volver a tener tus funciones cognitivas en pleno rendimiento. Por eso nos sentimos tan groguis cuando nos despertamos después de haberle dado al botón de posponer. No es porque no hayas dormido suficiente. Es porque cuando le has dado al botón de posponer, has empezado un nuevo ciclo de sueño y luego lo has interrumpido. Los días en los que le des al botón de posponer, no habrá manera de que estés a tope.

Así que te lo digo muy en serio. Suena el despertador. Nada de botón de posponer. Te despiertas. No es negociable.

**2. Voy al baño y apago el despertador.**

Ni mi marido ni yo tenemos el móvil o el despertador en el dormitorio o en la mesita de noche. ¿Dónde dejo el móvil? En el baño. Suficientemente cerca para poder escucharlo si alguien me llama y si suena el despertador por la mañana. Pero suficientemente lejos para no caer en la tentación. Si tengo el móvil en la mesita de noche, lo cojo sin pensarlo y me quedo en la cama mirando correos. Sabes que tú haces lo mismo. Si está al alcance, es fácil cogerlo sin pensarlo. Una gran mayoría de los adultos miramos el correo antes de ir a la cama, y un estudio reciente de Deloitte declara que un tercio de los adultos y la mitad de las personas menores de 35 años se despiertan a media noche y miran el móvil. Al poner mi móvil/despertador en el baño, me lo pongo difícil para sucumbir al hábito de coger el móvil, y me predispongo para dormir bien por la noche.

**3. Me cepillo los dientes y me centro en el día que me espera.**

Utilizo entre tres y cinco minutos del tiempo que me paso lavándome la cara, cepillándome los dientes y pasándome el hilo dental, centrándome en mis pensamientos de lo que realmente quiero y necesito hacer para MÍ y para MIS objetivos generales. No se trata de una lista de tareas. Es una lista de «obligaciones». Es un momento en el que conscientemente recojo mis pensamientos y pienso en una o dos cosas que puede que no me *apetezca* hacer, pero que *tengo que* hacer hoy para acercarme a mis objetivos, a mis sueños y al crecimiento de mi negocio. Los científicos los llaman objetivos *SMART* («inteligentes») compuestos por los cinco factores que conforman la palabra inglesa (S –específicos, M –medibles, A –alcanzables, R –realistas, T –con una referencia en el tiempo). Yo solo me refiero a ellos como las dos cosas que me garantizarán un progreso hacia delante en los ámbitos que a mí me importan. Son normalmente las «mierdas» que no me apetece hacer, según describe Morphin:

**Morphin**

@melrobbins vi tu charla TED, me he despertado
una hora antes y por fin me voy a forzar a hacer mierdas
que no me apetece hacer. Merece la pena gracias

#### 4. Me visto, hago la cama, voy a la cocina y me hago café.

¿Te has fijado en lo que aún no he hecho? No he mirado mi teléfono
ni me he conectado al correo. ¿Por qué? Porque sé que en el momento en el
que lo haga voy a perder la concentración. En el momento en el que miras
el correo, lees las noticias o navegas por las redes sociales, las prioridades
de otras personas pasan por delante de las tuyas. ¿Crees que Bill Gates y
Oprah están tumbados en la cama navegando por las redes sociales? No, y
tú tampoco deberías hacerlo. Te tienes que dar prioridad, así que no mires
el correo hasta que planifiques TU día.

#### 5. Pongo por escrito entre 1 y 3 «obligaciones» y por qué son importantes.

En una agenda barata que me compré en una papelería, apunto una,
dos o tres cosas que *tengo que hacer* hoy, y que son para MÍ. Hay un par de
motivos por los que este paso es importante: primero, porque yo soy una
persona visual, y después porque según las investigaciones de la doctora
Gail Matthews, profesora de la Universidad Dominicana de California, el
simple hecho de escribir tus objetivos hace que haya un 42% más de posibilidades de que los cumplas.

El hecho de tener las obligaciones escritas en mi agenda significa que
las veré a lo largo del día y será un recordatorio para actuar. Tener las justifi-
caciones del «por qué» me recuerda por qué son importantes esos objetivos
y me da un empujón extra.

Si las pongo en mi calendario electrónico, me olvidaré de ellas. La
mitad del tiempo, cuando entro en una habitación, no me acuerdo por qué
he entrado, así que me acoso con mis obligaciones teniéndolas por escrito.

Cuando están en mi agenda, lo cual es algo que miro durante todo el día, me induzco visualmente. Ver mis «obligaciones» me recuerda que tengo que hacer esas tareas. Puedes hacerlo en una libreta, en tu calendario, donde sea. Simplemente escríbelas y mantenlas cerca de ti, así como hace Sharon:

**Sharon** .
@melrobbins ¡Tengo el control de mi lista de tareas! #5SecondRule

### 6. Planifico el día y me tomo 30' antes de las 7.30.

Yo planifico y a menudo llevo a cabo las «obligaciones» más importantes PRIMERO, antes de mirar el móvil o de entrar en el correo. Lo hago utilizando una herramienta que llamo «30' antes de las 7.30».

Me tomo 30 minutos antes de las 7.30 para planificarme el día. En este rato, o bien empiezo a trabajar en mis dos o tres obligaciones, o planifico en qué momento del día las podré hacer. Si estoy en casa, intento empezar esta sesión de planificación a las 7.00 cuando el último de nuestros hijos coge el bus. Estos 30 minutos son cruciales para mi éxito.

El hecho de planificarte el día para asegurarte que te centras en las cosas adecuadas, tal y como hace Jeremy, te prepara para ser mucho más productivo y exitoso a la hora de alcanzar tus objetivos del día.

> jzarghami @melrobbinslive ¡Últimamente ✕
> he estado utilizando mucho la técnica!
> Me ha ayudado a ser mucho más productivo
> y me ayuda a centrarme en las cosas
> adecuadas. ¡Muchas gracias!

El concepto de «30' antes de las 7.30» no se puede hacer una vez llegas a la oficina. Tienes que hacerlo en casa, o en tu cafetería preferida, o en el tren, o en el coche aparcado en un aparcamiento. No te lo digo en broma. En el momento en el que entras en la oficina y respondes ese primer correo o coges esa primera llamada, tu día ya se ha escapado.

El catedrático Sune Carlsson estudió el hecho de que los directores ejecutivos lograran tantas cosas. ¿Cuál era el secreto de esos ejecutivos tan capaces? Trabajaban en casa durante 90 minutos porque «tenían la oportunidad de concentrarse un poco». En el trabajo, decían que les interrumpían cada 20 minutos. ¿Y qué te he dicho acerca de las interrupciones? Son el beso de la muerte para la productividad.

¿Por qué otro motivo si no sería tan importante planificar y hacer las cosas más importantes al principio de todo?

Recuerda que, como nos dice el doctor Ariely, las dos o tres primeras horas del día son las mejores para que tu cerebro se concentre en las tareas u objetivos que te hacen avanzar hacia tus objetivos personales y profesionales. Llenar ese tiempo con cosas sin importancia es una estupidez.

Las actividades de responder correos, coger llamadas y estar en reuniones tienen la habilidad de apoderarse de tu día, y pocas veces te llevan a grandes mejoras en la vida. Para tu propia felicidad y para proteger el tiempo que necesitas para concentrarte en el trabajo más profundo, tienes que reservarte las primeras horas del día para ti. Lucha por ellas.

Si te esfuerzas para hacer dos cosas que consideres importantes, estarás avanzando en proyectos trascendentales y que te harán ganar a largo plazo.

Despertarte temprano y planificar el día tiene unos beneficios enormes. Y si no, pregúntaselo a Mari:

> Me encantó tu charla TEDxSF e inmediatamente hice una publicación en el blog y empecé a escribir un libro. Llevo dos semanas despertándome a las 5 de la mañana y estoy disfrutando en grande de los beneficios. Escribo en un diario a modo de lista de tareas para conseguir hacer todos mis rituales diarios.
>
> El libro resumirá el camino que he seguido, y los éxitos que me ha aportado hacer esto a lo largo de un año.

Al arrancar sus mañanas despertándose temprano (¡nada de posponer la alarma!), con listas de tareas y rituales, ha podido tomar el control, aclarar sus prioridades y encontrar el tiempo para empezar a trabajar en su nuevo libro. Unas semanas más tarde le pregunté qué tal le estaba yendo su ritual matutino:

> Hoy es mi día #54 de levantarme a las 5 de la mañana (o antes) y hacer mi ritual diario. El poder de los 5 segundos hace que incluso en las frías mañanas mueva el culo de la cama y me ponga a tope con mi «ejercicio de buena mañana»
> Mari

Es impresionante, Mari, día #54 de ser el jefe. Tony hizo lo mismo y ¡ha vuelto a ir al gimnasio cada mañana a las 5!:

> **Tony**
> @melrobbins desde que fui a tu formación sobre el poder de los 5 segundos hace un mes, ¡me he forzado a volver a ir al gimnasio cada mañana a las 5!

Sé que es difícil despertarse tan temprano y ponerse directamente a hacer ejercicio, pero cuando haces 5- 4- 3- 2- 1 para encontrar la energía de activación para vencer esos pensamientos de resistencia, no solo te predispones para ser el jefe de tu día, sino que también activas la mejor versión de ti.

### 7. Planifico a qué hora voy a parar.

Aquí va otra cosa que he aprendido investigando. Además de planificarme el día, también planifico a qué hora voy a dejar de trabajar. Así es. Cada día, cuando empiezo el día, determino a qué hora voy a parar de trabajar, y pasar un rato con mi familia. El hecho de tener una hora límite para parar o redirigir esas dos cosas me hace más consciente del tiempo del que dispongo y esto me hace ser más productiva.

Hay un principio llamado la Ley de Parkinson: <u>el trabajo se expande y ocupa todo el tiempo que le dediques</u>. Así que dale una hora límite a tu jornada laboral. Tener una hora límite es importante para la fortaleza y la salud mental. Te obliga a concentrarte y a tomarte en serio los descansos del trabajo. Es un descanso que todos necesitamos para estar con nuestras familias y para darle a nuestro cerebro el tiempo que necesita para reposar, recargarse y reiniciarse. No te voy a mentir, yo he tenido que utilizar la técnica para forzarme a 5- 4- 3- 2- 1, apagar el ordenador y acabar la jornada laboral más a menudo de lo que me gustaría admitir.

Utilizar esta rutina diaria me ha ayudado una barbaridad. Lo que hago es poner mis prioridades por delante de solucionar los problemas del día a día en el trabajo. Me siento más bajo control, porque soy la dueña de mis acciones desde el momento en el que suena el despertador. Tengo más claridad (lo cual me ayuda a encontrar oportunidades) porque he definido las dos o tres obligaciones que me ayudarán a avanzar mis objetivos generales.

Si noto que me estoy desviando de mi rutina o que me estoy distrayendo, significa que he encontrado un momento poderoso en el que puedo utilizar la Técnica, 5- 4- 3- 2- 1 para reencaminarme. Está claro que puedes crear cualquier rutina que funcione, pero si estás buscando la manera de empezar, prueba la mía. Mucha gente ha tenido muy buenos resultados añadiendo ejercicio, meditación y listas de gratitud en sus rutinas matutinas. Pruébalas todas y valora cuál te funciona mejor.

Lo que te digo es sencillo, es obvio y funciona. Personalízatela para que encaje mejor contigo pero, por favor, 5- 4- 3- 2- 1 ponla en práctica. Cuando te esfuerzas para ser el jefe de tu día, tal y como dice Christie, es un punto de inflexión. Ella ha logrado llegar a la posición más alta en su empresa y está a tope.

---

 **Christie**

He aprendido que puedo empujarme más allá de límites que nunca hubiera creído posibles. He aprendido que es tan fácil como 5,4,3,2,1... Gracias Mel Robbins por tu charla, ha sido un punto de inflexión. He aprendido que no importa lo que quieras, si te lo curras lo suficiente, ¡podrás hacer que suceda! He conocido a gente increíble que ha alcanzado las posiciones más altas en nuestra empresa y he aprendido muchísimos trucos y consejos para trabajar en mi negocio. ¡Mi cabeza no para de dar vueltas y estoy a tope!

---

**Ahora te toca a ti.**

# Empieza antes de estar a punto. No te prepares, empieza.

Empieza
antes de
estar a
punto.
No te
prepares,
empieza.

# CAPÍTULO ONCE

# ACABA CON LA PROCRASTINACIÓN

> **«PARA EMPEZAR, EMPIEZA.»**

> **WILLIAM WORDSWORTH**

\# 5SecondRule es una herramienta increíble para luchar contra la procrastinación. Antes de que nos adentremos en el cómo utilizarla, tenemos que definir el concepto de procrastinación, qué es y qué no es. Cuando investigaba para escribir este libro, quedé sorprendida cuando descubrí la causa de la procrastinación. ¡Iba muy equivocada!

También me sorprendió saber que hay dos tipos de procrastinación: la procrastinación destructiva, es decir cuando evitas una tarea que tienes que hacer, y la procrastinación productiva, o sea una parte importante de cualquier proceso creativo.

Empecemos por la buena.

## Procrastinación productiva

Si estás elaborando un proyecto creativo o una idea innovadora, hay estudios que demuestran que la procrastinación no solamente es algo bueno, sino que también es importante. El proceso creativo requiere tiempo, y cuando dejas de lado un proyecto durante unos días o semanas, tu mente deambula. Ese tiempo extra en el que tu mente ha estado deambulando fomenta que se te ocurran ideas más creativas y «divergentes» que mejorarán tu proyecto.

Para mí fue enormemente liberador descubrir el concepto de procrastinación productiva, sobre todo al pelearme para escribir este libro. Antes de saber de la existencia de la procrastinación productiva, me atormentaba constantemente porque me sentía agotada todo el rato, tenía el bloqueo del escritor y pensé que eso significaba que era una mala escritora, perezosa o inútil. En realidad, un proceso creativo de esta magnitud simplemente necesitaba tiempo.

Mi cabeza necesitaba descansar y poder deambular. Tardé siete meses más de los que pensaba en acabar y el libro es cien veces mejor gracias a esto. Si no estás consiguiendo los resultados que quieres, dale un poco de tiempo a tu proyecto, focaliza tu energía en alguna otra parte y luego vuelve con una mirada fresca.

Así que, si estás metido en un proyecto creativo, y no tienes una fecha límite marcada en el calendario, no estás procrastinando si dejas que tu trabajo repose durante unas semanas y que tu mente pueda deambular. Es el proceso creativo. Esas nuevas ideas frescas que tienes cuando procrastinas productivamente harán que tu trabajo esté aún más bien hecho.

## Procrastinación destructiva

La procrastinación destructiva es de un género muy distinto. Es cuando evitamos el trabajo que tenemos que hacer y *sabemos* que habrá consecuencias negativas si no lo realizamos. Este hábito siempre te acaba pasando factura.

Todos nosotros tenemos un montón de cosas que parece como si no pudiéramos llegar a hacer: actualizar álbumes de fotos, analizar hojas de cálculo, terminar un proyecto, ordenar la casa de tu padre, o esforzarte para completar una lista de tareas que haría crecer tu negocio. Cualquier cosa que estemos evitando deliberadamente y que se tiene que hacer.

Evelyn se dio cuenta de que estaba procrastinando y se atormentaba por ello: hace años que se cuestiona todo lo que está relacionado con ella. Ha puesto la Técnica en marcha y ha sido ESPECTACULAR.

Cuando Evelyn descubrió el 5- 4- 3- 2- 1-YA, consiguió superar las dudas y simplemente hacer las cosas, lo cual fue sorprendente incluso para ella misma.

> Mel, ayer me desperté después de poner la técnica en marcha... hace años que me cuestiono todo lo que está relacionado conmigo. Empiezo.. Paro.. No soy nada.. Soy algo.. He ordenado el salón, la cocina, el comedor, he puesto 7 lavadoras ¡y ha sido ESPECTACULAR! ¡ESTO es solo el principio! ¡¡Me he sorprendido a mí misma!! Me apunto al plan.. mi marido se apunta ¡¡¡y estoy preparada para avanzar!!!

Seguramente ni ella sabía por qué estaba procrastinando. La mayoría de nosotros no lo sabemos. Durante mucho tiempo, todo el mundo pensaba que la procrastinación significaba que no tenías la habilidad de gestionar el tiempo, una falta de voluntad, o falta de autodisciplina. Pues íbamos muy equivocados. La procrastinación no es para nada una forma de pereza. Es un mecanismo para lidiar con el estrés.

## La procrastinación y su conexión con el estrés

Timothy Pychyl, un profesor de Psicología en la Universidad de Carleton, ha estudiado la procrastinación durante más de 19 años. El doctor Pychyl ha descubierto que la principal causa detrás de la procrastinación no es evitar el trabajo. Es evitar el estrés. La procrastinación es un «deseo subconsciente de sentirse bien *en el momento presente*» para que puedas sentirte un poco liberado del estrés.

Un error común que cometemos todos es pensar que la gente toma la decisión deliberada de procrastinar. De hecho, la mayoría de la gente que combate la procrastinación transmite a los investigadores que tiene la sensación de no poderla controlar. Y tienen razón, porque ellos no comprenden la razón verdadera por la que procrastinan.

Procrastinamos porque nos sentimos estresados. Y aquí está la trampa… no estamos estresados por el trabajo. Estamos estresados por algo más grande: dinero, problemas en relaciones, o por la vida en general. Cuando nos escaqueamos del trabajo o de estudiar durante 15 minutos para hacer compras en internet o para mirar lo más destacado del partido de anoche, estamos tomando mini pausas del estrés que sufrimos en términos más generales.

Es como lo de comer de más para aliviar emociones negativas, pero para la mente. Cuando evitas algo que te parece difícil, recibes una sensación de alivio. Además, cuando haces algo que disfrutas como navegar por Facebook o reírte con videos virales, recibes un pequeño chute de dopamina. Cuanto más a menudo procrastines, más probable será que repitas ese comportamiento. Aquí está el problema: aunque recibas un pequeño chute de alivio al ver videos de gatos, con el tiempo, el trabajo que estás evitando se empieza a acumular y esto genera aún más estrés en tu vida.

Scott es un gran ejemplo para esto. Me escribió porque necesitaba ayuda para «salir de su propia cabeza». Dijo que todas las personas con las que tiene una relación próxima le han dicho siempre que él mismo es el que se está frenando. Y tienen razón.

Scott se está sacando un doctorado haciendo investigaciones en un laboratorio de psicología, está casado, y él y su mujer acaban de tener su primer bebé, que es el bebé más guapo que haya visto jamás. Así es como describe su vida:

> *«Todo en casa es increíble a pesar del enorme estrés económico, lo cual era de esperar porque aún estoy en la universidad. Mi problema es que, en la vida diaria, así como también en el trabajo del laboratorio, tengo problemas cumpliendo obligaciones, lo cual se está empezando a convertir en un problema. Básicamente, pospongo cosas continuamente hasta que llega el punto en el que o bien me he saltado una fecha límite o hago enfadar a alguien.*

*Tengo muchas esperanzas puestas en mí y te prometo que me acuesto cada noche y me digo que mañana haré borrón y cuenta nueva, y que lo voy a abordar todo con un montón de energía. Pero luego fracaso día tras día, y la confianza de que lo superaré yo solo empieza a desvanecerse. Básicamente tengo la sensación de que no estoy viviendo con todo mi potencial ni de lejos, y esto es frustrante"».*

Al leer la nota de Scott, puedes ver que está atrapado en un círculo vicioso de sentirse decepcionado por él mismo. Me siento muy identificada porque así es como me sentía yo cuando estaba en apuros para salir de la cama por la mañana. Scott sabe lo que tiene que hacer (atacar el trabajo y hacerlo de una vez), pero parece que no consigue hacerlo.

La nota de Scott me brinda la oportunidad de explicar lo que realmente pasa cuando procrastinas. Nos ha dicho que su mujer y él están pasando «un enorme estrés económico». Este estrés no sienta bien y a la vez explica por qué Scott pospone las cosas para obtener un alivio temporal del estrés económico. Recuerda que cuando reemplazamos tareas difíciles por algo fácil, recibimos un chute de humor temporal y una sensación de control.

Parece contradictorio, pero la razón por la cual Scott no para de escaquearse de hacer cosas que tiene que hacer en el laboratorio, es porque quiere aliviar el estrés que siente a causa de su situación económica.

Así que, ¿cómo narices puede pararlo? Por suerte, existen tres pasos sencillos y basados en datos científicos. Y #5SecondRule te ayudará a 5- 4- 3- 2- 1 y dar esos pasos. Tanto si estás eludiendo el trabajo como Scott, limpiando como Evelyn o haciendo ejercicio como @JLosso, puedes utilizar la Técnica para vencer la procrastinación cada vez.

**JLosso**

@melrobbin esta semana he visto tu conferencia... 5- 4- 3- 2- 1... he hecho ejercicio cada día desde entonces...

## Perdónate

Lo primero que nos dicen los estudios científicos es: tienes que perdonarte por procrastinar. En serio. No te hablo en nombre de los cumbayás, te hablo en nombre de la ciencia.

¿Te acuerdas del experto de la Universidad de Carleton? El doctor Pychyl fue coautor de un artículo sobre cómo los estudiantes que se perdonaban por procrastinar tenían menos probabilidades de procrastinar en su siguiente examen. Parece inútil, pero parte del problema que han desvelado los psicólogos es que, en primer lugar, los procrastinadores son muy duros con ellos mismos.

Trishke se dio cuenta de que cuando fue capaz de perdonarse, le cambió la vida.

 **Trishke**

¡El poder de los 5 segundos! Mira videos de @melrobbins. Te cambiará la vida, dejarás d sentir lástima x ti (como me pasaba a mí). Alcanza tus metas, vive tus sueños.

En vez de atormentarse, ha dejado de procrastinar. ¡Increíble!

Puede que te sientas identificado con Ryan, que me escribió porque se encontraba en la fase inicial de arrancar un nuevo negocio. Dice que, aunque se muere de ganas de que esta aventura funcione, le sorprende lo muy difícil que le resulta obligarse a dedicarle tiempo y llegar a hacerlo debido al miedo a fracasar.

> **RYAN**
>
> ¡Acabo de ver tu charla TED! El impulso que tuve me ha llevado a buscarte y ponerme en contacto contigo, así que aquí tienes. Estoy en la fase inicial de arrancar un nuevo negocio relacionado con un producto y estaba buscando alguna validación en internet para saber si hago lo correcto yendo a por ello. No soy rico, así que, aunque me muera de ganas de que esta aventura funcione, me sorprende lo muy difícil que me resulta obligarme a dedicarle tiempo y llegar a hacerlo debido al miedo a fracasar. Tu charla me ha motivado mucho y tanto si gano como si pierdo, ¡por lo menos estaré haciendo algo! Gracias por hacer lo que haces, te lo agradecemos.

Me encanta lo que dice al final: «Tanto si gano como si pierdo, ¡por lo menos estaré haciendo algo!». Se necesita mucha valentía para sincerarte contigo y admitir lo difícil que te resulta concentrarte en lo que tienes que hacer.

Otro ejemplo perfecto es el estudiante de doctorado en el laboratorio, Scott. ¿Te acuerdas de lo que ha escrito? Ha dicho que tiene muchas esperanzas puestas en él. Cada vez que procrastina siente vergüenza y culpa. Estos sentimientos negativos le generan aún más estrés y su confianza para superarlo él solo empieza a desvanecerse, lo cual le provoca aún más estrés y procrastina aún más.

Apliquemos este consejo en el caso de Scott. Primer paso, rompe el ciclo perdonándote. Scott, tienes que tomarte cinco segundos, 5- 4- 3- 2- 1 perdonarte por hacer enfadar a la gente, por quedarte retrasado y por no trabajar con todo tu potencial. Si puedes reconocer que tu estrés económico es el encargado de la procrastinación en el laboratorio, tendrás la oportunidad de reafirmarte y tomar el control. Por cierto, toma el control y alcanzarás tus metas. Y esta persona que esperas ser te ayudará ahora mismo.

Esto nos lleva al segundo paso.

## ¿Qué haría tu futuro yo?

Déjame que te lo explique. El equipo del doctor Pychyl ha investigado mucho acerca de nuestro «yo presente» en comparación con nuestro «yo futuro». Nuestro «yo futuro» es la persona en la que nos queremos convertir. Curiosamente, los estudios demuestran que cuando puedes imaginarte el «yo futuro», esto te proporciona la objetividad para empujarte en el presente. En experimentos, cuando los investigadores enseñan a los sujetos sus fotos digitalmente envejecidas, es más probable que ahorren para la jubilación. Supongo que esta es una explicación del por qué funcionan los tableros de visión. Te ayudan a concebir tu «futuro yo» y ese es un mecanismo fantástico para lidiar con el estrés que sufre tu «yo presente». Así que, Scott, crea un tablero de visión o una imagen mental de cómo será tu vida cuando todo el estrés de estar en la universidad ya haya quedado atrás y tú seas el profesor Scott. A la mínima que notes que estás procrastinando, pregúntate *¿qué haría el profesor Scott?*

Esto nos lleva al tercer paso.

## Pon en marcha el Poder de los 5 segundos

Finalmente, una vez hayas entendido la fuente de la procrastinación, el consejo preferido del doctor Pychyl es «Pues empieza». No es el único que habla de la importancia de empezar. Una de las maneras más poderosas de crear nuevos hábitos, según los científicos, es «crear un ritual de iniciación». No hay mejor ritual de iniciación que #5SecondRule. Ahora que entiendo toda la ciencia que hay detrás, te puedo explicar por qué el «pues empieza» funciona.

- Si la procrastinación es un hábito, tienes que reemplazar el patrón de mal comportamiento (evitar) con un patrón nuevo y positivo (empezar).
- A la mínima que notes que dudas, que haces tareas más fáciles o que evitas el trabajo intenso, utiliza la Técnica, 5- 4- 3- 2- 1 para empujarte y empezar las cosas importantes que tienes que hacer.

- La procrastinación hace que tengas la sensación de no tener el control sobre ti. Cuando te reafirmas y empiezas, estás tomando el control del momento y de tu vida.

Daniela se siente «poderosa» y «competente» cuando pone la Técnica en práctica, demostrando que los beneficios de vencer la procrastinación se expanden más allá del trabajo y se adentran en los aspectos más importantes para mejorar su relación consigo.

> He mejorado mi relación conmigo. Confío más en mí. Me siento poderosa y competente. Se ha convertido en mi mantra. HAZ ALGO AHORA. (¡Gracias Mel!)

Tal y como explico a lo largo del libro, ejercer el esfuerzo del 5- 4- 3- 2- 1 cambia las marchas de tu mente y permite que el córtex prefrontal te ayude a empezar. Cada vez que utilices la Técnica, te resultará más y más fácil dejar de procrastinar y simplemente empezar. Sy acaba de descubrir que el secreto para llevar a cabo cualquier cosa importante es decirte «simplemente llama, contesta el correo, acaba este estúpido trabajo...» y empezar:

**Sy**

Querida Mel te escribo para darte las gracias.
Por tu presentación TEDx. La vi hace unos meses.
Después de verla, no he dejado de decirme
«simplemente llama, contesta el correo, acaba este
estúpido trabajo… no me gusta, pero me ayuda
a conseguir lo que quiero». Estoy orgullosa de haber
hecho un enorme proyecto después de obtener
este hábito. ¡Muchas gracias por esa magnífica
presentación! 😊

Aunque no le guste hacerlo, ha cogido el hábito de pasar a la acción de todas formas y ha hecho un enorme proyecto con esta mentalidad y conseguirá lo que quiera.

En el caso de Scott, en el laboratorio, puede utilizar la Técnica para hacer una cuenta atrás 5- 4- 3- 2- 1 y empujarse a trabajar durante un corto intervalo de tiempo. Ahora que ya sabe cuál es la fuente de su procrastinación (estrés económico), se ha perdonado (un paso extremadamente importante). Y una vez se imagine al futuro doctor Scott, podrá empezar a reivindicar el control, moverse físicamente hacia su escritorio y empezar a trabajar. Cuando note que se desvía del camino, puede volver a hacer la cuenta atrás 5- 4- 3- 2- 1. La Técnica te lo pone fácil para PONERTE EN MARCHA, y esto ayudará a Scott a ganar el control de su trabajo y a sentirse mejor capacitado para abordar su estrés económico de frente.

Andre también ha utilizado la Técnica para empujarse y superar la procrastinación y actuar hacia sus metas. Andre tiene dieciséis años, pero ya está aprendiendo a vencer la procrastinación ¡y está empezando a escribir un libro! Dice que siempre encontraba excusas: que si «no estaba preparado, estaba demasiado ocupado, no era suficientemente inteligente». La Técnica le ha ayudado a «superar esas excusas» y ahora ha pasado a la acción con su libro.

**Andre**

Empecé a confiar en el deseo de actuar ante mis ideas, lo cual me llevó a involucrarme en el Be Z Change (una asociación en mi instituto que se centra en los trabajos comunitarios) del cual actualmente soy el presidente. También pasé a la acción a la hora de ponerme en contacto con diferentes universidades y acercarme a mis metas académicas más próximas. La mayoría de mis éxitos más recientes han sido posibles gracias a comprometerme con esa idea en los cinco segundos después de haber tenido el impulso. Mi objetivo, ahora, es escribir un libro; un impulso ante el que nunca me había tomado el tiempo para llevarlo a cabo porque siempre encontraba alguna excusa: no estaba preparado, estaba demasiado ocupado, no era suficientemente inteligente. Esta técnica me ha ayudado a superar esas excusas con la iniciativa de simplemente anotar mi objetivo y basarme en él. Cada vez que veía ese post-it que me decía que centrara mi creatividad en escribir un libro, daba un paso, probaba algo. Me ha cambiado la vida.

Andre nos demuestra que a cualquier edad y con cualquier objetivo, tenemos el poder de ser dueños de nosotros, de hacer una introspección, de dar un paso, probar algo, y cambiar la vida. El motivo por el cual empezar es tan importante es porque también te encontrarás con lo que los científicos llaman «el principio de progreso», el cual describe el fenómeno que nos hace avanzar de alguna forma, incluyendo pequeñas victorias, nos estimula el humor y aumenta nuestros niveles de felicidad y productividad.

Además de eso, cuando empiezas un proyecto, disparas un mecanismo en tu cerebro que te da pie a continuarlo. Tal y como he mencionado antes, hay científicos que han descubierto que nuestro cerebro recuerda mejor las tareas no completadas que las completadas. Una vez empiezas, tu mente no parará de alentarte para acabar.

También te he contado que mi hábito de darle al botón de posponer era una forma de procrastinación. Ahora entiendo por qué. Por un momento, me proporcionaba un alivio de las enormes fuentes de estrés en mi vida. Por eso le daba al botón. Cuando miro hacia atrás, me doy cuenta de que rompí el hábito creando un «ritual de iniciación», #5SecondRule. Mi hábito del botón de posponer fue reemplazado por un hábito nuevo y positivo: contar 5- 4- 3- 2- 1 y luego levantarme y empezar el día. Siete años más tarde, sigo haciendo la cuenta atrás para despegarme de la cama cada mañana.

En resumen, esta es la manera que puedes utilizar #5SecondRule para vencer la procrastinación: utilízalo para forzarte a empezar. Empieza por cosas pequeñas. Ataca lo que estás evitando, pero en intervalos de 15 minutos. Luego, tómate un descanso y mira algunos videos de gatos. Y por el amor de Dios, no te atormentes por estar escaqueándote de algunas cosas, por ahora. Eres humano.

Todo esto es sentido común. Ve pasito a pasito. Lo que estamos aprendiendo en este libro, una y otra vez, es que a menos que venzas los sentimientos que desencadenan tus malos hábitos, y te empujes a empezar, nunca cambiarás.

# O encontrarás el camino o encontrarás una excusa.

# PARTE 4

## LA VALENTÍA CAMBIA TU FORMA DE PENSAR

# CÓMO CONVERTIRTE EN LA
# PERSONA MÁS FELIZ DEL MUNDO

En los próximos tres capítulos, aprenderás paso a paso cómo puedes utilizar #5SecondRule combinando con estrategias recientes basadas en descubrimientos científicos para vencer el miedo, dejar de preocuparte, controlar o curar la ansiedad y cambiar tu manera de pensar.

Si me has visto alguna vez en la tele de comentarista de la CNN o has leído mis artículos en la revista *SUCCESS*, te parecerá que nací con la seguridad de un guerrero. Esta suposición no hace más que fortalecerse cuando me ves en videos de YouTube, en mi charla TEDx, o conoces mi vida en un escenario. Sí, ahora tengo seguridad, pero no nací así. Me pasé la mayor parte de mi vida adulta siendo una charlatana extrovertida que sufría de enormes inseguridades. La confianza es una habilidad que he desarrollado con los años al practicar actos de valentía en el día a día.

Lo que mucha gente no sabe de mí, es que he sufrido ansiedad durante más de 25 años. Tuve una depresión posparto cuando nació nuestra primera hija Sawyer y no me podían dejar sola con ella durante los dos primeros meses. Durante casi dos décadas, he tomado un antidepresivo para controlar mis ataques de pánico. La lucha con mis pensamientos ha sido algo real y, a veces, aterrador.

Cuando descubrí la Técnica por primera vez, la utilicé para cambiar mi comportamiento. La Técnica funcionó de maravilla y como lo de actuar con valentía en el día a día se convirtió en una acción instintiva, mi seguridad creció y se hizo cada vez más fuerte. Sin embargo, la ansiedad nunca desapareció. Estaba allí, cociéndose a fuego lento debajo de la superficie. Me centré en aprender a convivir con ella, a dominarla y asegurarme de que no se descontrolara e hiciera que cundiera el pánico.

Hace unos cuatro años me empecé a plantear si podía utilizar #5Second-Rule para cambiar cosas más allá de mi comportamiento físico. Me preguntaba si podía cambiar mis pensamientos. Ya había comprobado el efecto que tenía en otros hábitos, así que ¿por qué no probarlo para romper con el hábito mental de la ansiedad, el pánico y el miedo? Al fin y al cabo, se trata de patrones que repetimos. Son simplemente hábitos.

Empecé a utilizar la Técnica para cambiar la manera como trabajaba mi mente. Comencé a utilizar la Técnica para romper con el hábito de preocuparme. Una vez dominé esa habilidad, utilicé la Técnica para controlar mi ansiedad y vencer el miedo a volar. Funcionó.

Ahora y aquí, escribiendo esta frase, puedo afirmar que me he curado de la ansiedad. Hace años que no tomo antidepresivos y que no tengo ataques de ansiedad. Ya he abandonado el hábito de preocuparme. ¿Y mi miedo a volar? Se ha ido. Aprender a tomar el control de mi mente, a dirigir mis pensamientos y desarmar el miedo, ha sido lo más extraordinario que he hecho para mejorar mi calidad de vida. Casi nunca me siento preocupada. Y las pocas veces que me siento así, simplemente 5- 4- 3- 2- 1 y dirijo mi mente hacia las soluciones en vez de preocuparme por los problemas. He transformado mi mente utilizando la Técnica y soy más feliz y optimista que nunca. Mi mente trabaja para mí en vez de contra mí.

Ahora te toca a ti.

**Primero,** aprenderás a romper con la adicción de preocuparte y de tener pensamientos negativos utilizando #5SecondRule, la ciencia de los hábitos y el poder de la gratitud.

**Segundo**, te sumergirás en el tema de la ansiedad y el pánico. Aprenderás lo que es y lo que deja de ser. Y te proporcionaré el método paso a paso para que puedas interrumpir, reformular y, finalmente, eliminar la ansiedad de tu vida.

**Por último**, aprenderás una estrategia probada para vencer cualquier miedo. Utilizando mi miedo a volar como ejemplo, aprenderás cómo utilizar la Técnica con «pensamientos ancla» para evitar que el miedo se apodere de tu mente.

Todo lo que estás a punto de aprender es tan sencillo y poderoso que se lo podrás enseñar incluso a tus hijos.

La vida es maravillosa.
Después es horrible.
Y más tarde vuelve a ser maravillosa.
Y entre las partes maravillosas y las horribles, es ordinaria, mundana y rutinaria.
Absorbe lo maravilloso, aguanta el tipo en lo horrible, y relájate y exhala durante lo ordinario. Esto es vivir.
Una vida dolorosa, un bálsamo para el alma, maravillosa, horrible y ordinaria.
Y es fascinantemente preciosa.

–LR Knost

# CAPÍTULO DOCE

# DEJA DE PREOCUPARTE

«PIENSA EN LA BELLEZA QUE QUEDA A TU ALREDEDOR Y SÉ FELIZ.»

**ANNE FRANK**

El cambio que creará un impacto más grande y positivo en tu vida será el hecho de acabar con el hábito de preocuparte. Lo creas o no, te enseñaron a preocuparte. Cuando eras niño, escuchabas a tus padres preocuparse constantemente *«Ve con cuidado»*, *«Ponte el gorro o te vas a resfriar»* y *«No te sientes tan cerca de la tele»*. Cuando somos adultos, gastamos demasiado tiempo y energía preocupándonos por cosas que no podemos controlar o que podrían ir mal. Cuando te acercas al final de la vida, desearías no haberlo hecho.

El doctor Karl Pillemer es profesor de Desarrollo humano en la Universidad Cornell, en Ithaca, y es el fundador del Legacy Project (Proyecto Legado). Ha entablado conversaciones con 1.200 personas mayores para debatir el sentido de la vida. Se quedó «estupefacto» al descubrir que la mayoría de las personas que estaban cerca del fin de su vida tenían el mismo remordimiento: **ojalá no hubiera perdido tanto tiempo preocupándome.** Su consejo era terriblemente sencillo y directo: las preocupaciones son una enorme pérdida de tu valioso y limitado tiempo vital.

Puedes dejar de preocuparte. Y #5SecondRule te va a enseñar cómo hacerlo. Preocuparse es una configuración por defecto que activa tu mente cuando no estás prestando atención. La clave está en pillarte cuando estés dejándote llevar por la preocupación y luego retomar el control mental utilizando la Técnica. He aquí un ejemplo.

Mi marido se ha sacado el carnet de moto hace poco y se acaba de comprar una moto pequeña de segunda mano. Ayer, yo estaba dentro de casa y me di cuenta de que él había salido y estaba sacando la moto. A medida que se iba alejando por la calle, me di cuenta de que mi mente empezó inmediatamente a dejarse llevar por la preocupación.

Empecé a preocuparme por si chocaría con algún coche, si se convertiría en una cifra más de alguna estadística y si me llamaría pronto la policía para decirme que había tenido un accidente. La preocupación me asaltó en cinco segundos. Así de rápido. ¿Y sabes qué? Por mucho que yo me preocupe él no estará más a salvo ni yo impediré ningún accidente. Tal y como dijo un sujeto del estudio de ochenta y tres años, mi preocupación no resolverá nada. Simplemente, me pondré de los nervios todo el rato que Chris esté yendo en moto, lo cual me privará de disfrutar del momento presente.

Tan pronto me pillo preocupándome, utilizo la Técnica, 5- 4- 3- 2- 1 y pienso en algo más positivo, como el pensamiento de él sonriendo mientras va en moto.

Lo curioso es que Chris también es un gran ciclista. Compite en triatlones y está constantemente solo con la bici haciendo entrenamientos de 65 a 80 kilómetros. Y eso nunca me preocupa. Pero aquí me tienes, preocupada porque está subido en una moto circulando por nuestra calle a 15 km/h. ¿Algo podría ir mal? Claro que sí. Pero, normalmente, no va mal.

Cuando empieces a utilizar la Técnica para dejar de preocuparte, te sorprenderá la gran cantidad de veces que la mente se nos va hacia pensamientos negativos. Mi mente lo hace cada día. Es una mierda. Y cada día lucho para combatirlo. Hay días que tengo que utilizar la Técnica miles de veces para controlar mis pensamientos. Justo el otro día pillé a mi mente preocupándose una y otra vez.

Nuestras hijas estaban volviendo de un viaje a Perú, donde han hecho un voluntariado, y a lo largo del día me daba cuenta de que mi mente iba a la deriva con pensamientos de accidentes aéreos, gente a la que se le escapa el vuelo, gente que se caía por los precipicios de los Andes, accidentes de bus, equipajes perdidos y las chicas tiradas en el aeropuerto. Las chicas estaban bien y sin la Técnica me hubiera arruinado el día yo sola. Cada vez que me pillaba hundiéndome en un pensamiento negativo me decía «ni se te ocurra…» y me redirigía hacia un pensamiento que me hiciera sonreír, como, por ejemplo, el de esa noche en la cocina cuando las chicas se pusieron a hablar a la velocidad de la luz para contarnos como les había ido el viaje.

## Los sentimientos de amor suelen desencadenar preocupación

Otra cosa que me ha sorprendido acerca de la preocupación es lo sutil que llega a ser y lo rápido que se puede apoderar de ti. Me sorprendo de la gran cantidad de veces que me empiezo a preocupar a la mínima que siento felicidad o amor.

Esta primavera me pasó cuando estaba mirando a nuestra hija de diecisiete años. Tuve un momento increíble en el que, de repente, noté cómo se me hinchaba el corazón y sentía como me inundaba una marea de amor. Y luego, sin avisar, un montón de preocupaciones me invadieron la mente y se apoderaron de ese momento. Lo único que sentía era miedo.

Estábamos en un centro comercial. Sawyer se estaba probando vestidos para su baile de fin de curso. Había sido una tarde muy larga. Llevábamos ya tres tiendas de vestidos y, sin exagerar, se había probado unos 40 vestidos. Los odiaba todos. Cuando le decía que estaba preciosa no hacía más que empeorar su estado de ánimo.

Estaba en el probador con ella, recolocando en las perchas los vestidos que había descartado y entregándole el siguiente para que se lo probara. Y le dije: «Pruébate estos tres y nos largamos». Salí del probador para dejarle un poco de espacio y llamé a Chris.

De repente me llama, «Mamá. ¿Puedes entrar un momento?».

Intenté adivinar su tono, pero no podía descifrar si estaba llorando, frustrada, si necesitaba ayuda con una cremallera u otra cosa. Abrí la puerta de golpe. Llevaba puesto un vestido hasta los pies y vi su reflejo en el espejo y, en una palabra, estaba impresionante. Era perfecto. El vestido era de color melocotón y llevaba los laterales de color rosa. Era todo lo que ella quería:

sin brillantes, ni lazos, con la espalda descubierta y de un color vivo. Nuestros ojos se encontraron en el espejo.

«¿Qué te parece, mamá?»

Notaba cómo se me saltaban las lágrimas. Cuando ella era niña, me acuerdo de la misma sensación de que te inunda una marea de amor porque quieres mucho a alguien. A media noche me despertaba para ir a ver si estaba bien y allí, sola al lado de su cuna, viendo cómo dormía tumbada boca arriba con los brazos por encima de la cabeza, me inundaba esa marea de amor. Y me quedaba maravillada por mi habilidad de querer tanto. Tenía la sensación de que me estallaría el corazón.

Eso es lo mismo que sentí estando allí de pie, delante de ese probador en el centro comercial. Sencillamente, sentí amor. Y luego, las preocupaciones llegaron como una avalancha y me robaron el momento. Sin avisar, estaba pensando en ella yendo a la universidad, casándose, siendo madre por primera vez, viviendo lejos de mí, pensaba en cómo pasaría el tiempo, en que me hacía mayor y sería el fin de mi vida. La vida me pasó como una proyección ante los ojos. El tiempo volaba y por un breve momento, sentí que la estaba perdiendo. Me sentí abrumada por la tristeza y la pérdida, y mis ojos se llenaron de lágrimas.

Sawyer vio cómo me estaba emocionando y se pensó que era por el vestido. «Oh, mamá, no llores. Me harás llorar a mí.» Pero estaba llorando por lo asustada que estaba de verla crecer. Estaba llorando porque el tiempo estaba pasando demasiado rápido y yo quería que la vida aflojara el paso. La preocupación me robó todas las piezas de felicidad que conformaban ese momento. Me apartó de Sawyer y me trajo a un sitio oscuro dentro de mi mente. En vez de limitarme a estar presente y admirar a mi preciosa hija, sentí miedo.

Así es como las preocupaciones y el miedo te secuestran la mente y te roban la magia y las maravillas de la vida. Brené Brown observó ese mismo fenómeno en sus investigaciones previas al superventas *El poder de ser vulnerable*. Descubrió que encontrarse inmerso en emociones «del peor de los casos» en momentos de felicidad (como el hecho de no poder abrazar a tu hija sin preocuparte de que le pase algo malo) es un fenómeno sorprendentemente común. ¿Y por qué nos resulta tan difícil ablandarnos y ser felices? «Porque estamos intentando vencer la vulnerabilidad al batacazo», dice la doctora Brown.

Cuando la mente te lleva a algún lugar triste, oscuro, incierto o negativo, no tienes que acompañarla. Me encanta lo que me dijo Hein: «En el 99,999 % de los casos, se ha tratado de una realidad falsa que me he montado yo en la cabeza».

> Desde que vi tu primera charla TED, me he dado cuenta de que mi malévola voz interior es mi gran enemigo: no solamente lucha en contra de la confianza en mí mismo, sino también de mi habilidad de avanzar y de hacer crecer mi personalidad. Cada decisión y cada giro que he hecho han sido oscurecidos por mis inseguridades y preocupaciones por lo que podían pensar los demás. El 99,999 % de los casos, se ha tratado de una realidad falsa que me he montado yo en la cabeza. Mi mayor reto ha sido y siempre será dejar de preocuparme por lo que puedan pensar los

Cuando descubres que tu voz interior se está convirtiendo en tu «enemigo», como nos ha pasado a Hein y a mí, es importante dejar de preocuparse y darse cuenta de que, en esos 5 segundos, puedes recuperar el control.

Empecé a contar en voz baja, «5- 4- 3-...» y a medida que contaba, sentía cómo el nivel de miedo que tenía en el cuerpo, disminuía. Contar me sacaba de la cabeza y me plantaba en el momento presente. Cambiaba las marchas de la preocupación a la concentración. No quería dejar que mi mente me robara esta experiencia con mi hija. No quería permitir que el hábito de preocuparme me apartase del presente, y no me permitiera conservar la foto mental de ese maravilloso instante.

Luego me hice dos preguntas muy sencillas: «*¿De qué estoy agradecida en este momento? ¿Qué quiero recordar?*». Cuando te haces esta pregunta tan sencilla, impactas el cerebro a un nivel biológico. Para poder responder tienes que evaluar tu vida, tus relaciones y elaborar y buscar una respuesta al instante.

Te obliga a centrarte en los aspectos positivos de la vida. Tan pronto pienses en lo que te hace estar agradecido, empezarás a sentirte agradecido en vez de preocupado. La respuesta a esa pregunta estaba clara para mí. Estaba agradecida de que esa mujercita tan increíble fuera mi hija. Y después de tres horas de drama, también estaba agradecida de que hubiera encontrado un vestido.

Kate también utiliza la Técnica para reflexionar sobre lo que le hace sentir agradecida y para controlar sus preocupaciones:

> Te vi en California en la convención de Kyani. De un tris que no voy a la convención. Estaba llena de ansiedad y culpabilidad por dejar en casa a mi hija de cinco años. Además, me estoy divorciando. Pero fui… y te conocí. Y eres una gran inspiración para mí. Y sin saber aún que existía, utilicé el poder de los 5 segundos para forzarme a ir. Lloré todos los días que no estuve en casa.
>
> Aún lo utilizo a diario para hacer ejercicio… para no estar triste… para ser más agradecida y no posponer más mi divorcio… porque no lo tenemos claro, pero no pasa nada. Estoy aprendiendo que nada es perfecto en la vida. Así que gracias.
>
> Katie

«Nada es perfecto en la vida». Nada de nada. Pero puedes utilizar el 5- 4- 3- 2- 1 para acallar la cháchara mental y aprender a apreciar los pequeños momentos como el de sentirte agradecida por tu hija.

Sentirse agradecido no solo sienta bien. Según el experto en neurociencia Alex Korb, te cambia la química del cerebro porque se activa la región del bulbo raquídeo que produce la dopamina. Cuando las preocupaciones se habían desvanecido, respiré profundamente y entré en el probador para acercarme a ella y ponerle una mano en el hombro. Nuestras miradas se encontraron en el espejo.

«¿Y? ¿Qué te parece, mamá?»

«Creo que Luke va a tener un infarto. Estás preciosa.»

# Está bien estar asustado. Estar asustado significa que estás a punto de hacer algo que requiere gran valor.

# CAPÍTULO TRECE

# ACABA CON LA ANSIEDAD

> **«DOMINA TU MENTE, O TE DOMINARÁ ELLA A TI.»**
>
> **HORACIO**

La ansiedad es lo que ocurre cuando tu hábito de preocuparte entra en una espiral fuera de control. Habiendo sufrido toda la vida de ansiedad, sé cuánto te puede afectar y el miedo que te puede provocar. También sé cómo vencerla. La solución es utilizar #5SecondRule combinado con una estrategia llamada «reformulación».

La clave para vencer la ansiedad es entenderla. Si la puedes pillar justo en el momento en el que te invade y reformularla, estabilizarás tus pensamientos antes de que tu mente la intensifique y se convierta en un pánico en estado avanzado. Y con el tiempo, a medida que vayas utilizando #5Second-Rule una y otra vez, tu ansiedad se debilitará y se convertirá en lo que era en un inicio, simples preocupaciones. Tal y como acabas de aprender, el hábito de preocuparse es fácil de romper.

Yo creo que nací con ansiedad. De pequeña, mis padres decían que tenía un «estómago nervioso» y que me preocupaba por todo. Yo era la típica niña en los campamentos que echaba tanto de menos a sus padres que tenía que volver antes a casa. En la universidad, me ponía roja como un tomate cuando decían mi nombre. Dependía del alcohol para hablar con chicos guapos en las fiestas porque sin beber me salía urticaria en el cuello del estrés.

Los ataques de pánico me empezaron a los veinte, cuando empecé la carrera de derecho. Cuando tienes un ataque de pánico tienes la sensación de estar a punto de sufrir un infarto y puede ocurrir por dos motivos: uno, porque tienes que hacer algo que te da miedo (hablar en público, enfrentarte a un ex, subirte a un avión) o dos, sin ningún motivo.

Si no has tenido nunca un ataque de pánico, esta es la mejor manera de describirlos: es cuando tu mente y tu cuerpo tienen una experiencia de «casi accidente» que está totalmente fuera de contexto. Te lo voy a explicar utilizando una analogía muy sencilla.

## Pánico normal frente a los ataques de pánico

Tu vida estará repleta de momentos en los que sentirás pánico y será algo completamente normal. Pongamos, por ejemplo, que estás conduciendo y estás a punto de cambiar de carril en la carretera. De repente, un coche aparece de la nada a gran velocidad y te corta, das un volantazo para salir del carril, pero casi chocáis. Cuando vives una situación en la que casi tienes un accidente en la carretera, es decir, una sensación de «casi accidente», sientes una explosión de adrenalina que te recorre el cuerpo. Tu corazón se acelera. Cada vez respiras más rápido. Tienes una sobrecarga de cortisol. Tu cuerpo entra en un estado de hiperalerta para que puedas tomar el control del coche. Puede que incluso sudes un poco.

Cuando tu cuerpo se asusta, provoca que tu mente necesite encontrar un motivo por el cual tu cuerpo está tan revolucionado. En este ejemplo de la carretera, tu cerebro sabe que casi te chocas con un coche y ese es el motivo por el cual tu cuerpo se asustó.

Cuando la mente tiene una explicación de por qué tu cuerpo se acaba de asustar, no se intensifica la ansiedad. Tu mente va a permitir que tu cuerpo se calme porque sabe que el «peligro» ya ha pasado. Tu vida volverá a la normalidad y la próxima vez que quieras cambiar de carril irás con un poco más de cuidado.

Cuando tienes un ataque de pánico, esa misma sensación de «casi accidente» irrumpe en tu mente y cuerpo sin avisar, y sin motivo aparente. Puede que estés en la cocina, sirviéndote una taza de café y de la nada tengas una explosión repentina de adrenalina que te recorra el cuerpo como ha pasado en el coche con el que casi te has chocado en la carretera.

El corazón se acelera. Cada vez respiras más rápido. Puede que sudes un poco. Tienes una sobrecarga de cortisol. Tu cuerpo se pone en un estado de hiperconsciencia. Ahora que tu cuerpo se encuentra en un estado de sobrestimulación, tu mente va a viajar a la velocidad de la luz para intentar entender el por qué. Si no tienes una razón convincente, tu mente pensará que estás realmente en peligro. Tu mente no atenderá a razones e intensificará el miedo, pensando que el peligro es inminente.

Cuando tu corazón empiece a correr, tu mente hará lo mismo para buscar una explicación, entender lo que le está pasando al cuerpo y decidir cómo protegerte. *Quizás estoy teniendo un infarto. Quizá no me quiera casar el mes que viene, al fin y al cabo. Quizá me despidan. Quizá me estoy muriendo…*

Si tu mente no puede encontrar una explicación adecuada, tu cerebro empeorará la ansiedad y provocará que físicamente quieras huir de la situación y salir de allí donde estés. Si alguna vez has visto a alguien sufrir un ataque de pánico, sabrás que la cosa va así: perder los papeles, dar saltos de un lado para otro, tener pensamientos dispersos, una mirada de «ciervo ante las luces de un coche» y de repente «tengo que salir de aquí». Es un círculo vicioso en el que yo estuve atrapada durante años.

Durante mucho tiempo, no entendía la diferencia entre pánico normal y ataques de pánico, ni qué papel jugaba mi mente a la hora de intensificar la ansiedad. Fui a terapia y probé todo tipo de técnicas cognitivas para intentar detener mis sentimientos de pánico. Las cosas se pusieron tan negras que cogí miedo a los propios ataques de pánico, y ese miedo, evidentemente, no hacía más que provocarme aún más ataques de pánico.

Finalmente, empecé a medicarme. Los antidepresivos hicieron maravillas para mí durante casi dos décadas. Y si te encuentras en un agujero del que no puedes salir, acude a un profesional (y, probablemente, a los medicamentos). Aunque no sean un sustituto de la terapia, pueden cambiarte la vida.

Asumí que tendría que tomarme antidepresivos toda la vida. Y luego tuvimos hijos y los tres empezaron a tener un cierto tipo de ansiedad. Iba más allá de sencillas preocupaciones. La ansiedad les estaba afectando la vida: dejaron de ir a dormir a casa de sus amigos, dormían en el suelo de nuestra habitación, y se preocupaban por todo. Oakley decidió que su estado de pánico se llamaría «Oliver», y nuestra hija Sawyer decidió llamar a su ansiedad bajo el nombre de «círculo del y-si». Una vez vino y me dijo:

> «Es como si en mi cabeza hubiera un "círculo del y-si" y a la que me pongo a pensar en todos los "y-sis" me quedo atascada pensando en todos los "y-sis" y no puedo salir de allí porque siempre hay algún "y-si"».

Yo sabía lo aterrador que era sufrir eso, y era sumamente desgarrador ver a mis hijos en apuros y asustados. Era muy frustrante intentar ayudarles a lidiar con su ansiedad porque nada funcionaba. Fuimos a ver especialistas e intentamos todo tipo de técnicas. Preparamos juegos con premios para que «afrontaran sus miedos». Pero parecía que simplemente iba cada vez a peor.

Yo dejé los antidepresivos para poder afrontar mi propia ansiedad sin ayuda de los fármacos. Quería entenderla mejor y descubrir cómo vencerla, y así podría ayudar a mis hijos a encontrar la manera de vencer la suya. Esto es lo que aprendí.

## Intentar calmarte no funciona

Me he pasado infinitas horas con terapeutas que me han dicho a mí y a los niños que simplemente teníamos que «cambiar de canal» y pensar en otra cosa. Esto funciona si solo tienes algunas preocupaciones, pero por si sola, esta estrategia no funciona para una ansiedad en estado avanzado. Y he aquí el motivo. Cuando sientes ansiedad, te encuentras en un estado de agitación física. Cuando le dices a una persona que se calme, le estás pidiendo que vaya de 100 km/h a 0 km/h. Es como si intentaras detener un tren de mercancías tirando un pedrusco en la vía; va a descarrilarse.

Un estudio publicado en la revista *Behavior Research and Therapy* («Estudios y terapia del comportamiento») demostraba que la gente que *intenta reprimir de manera natural sus pensamientos no deseados*, acaba estando aún más angustiada por esos pensamientos. Efectivamente, cuando intentas decirte que te tienes que calmar, haces que la ansiedad empeore porque ¡estás luchando contra ella! Cuando entiendes cómo funciona el pánico, lo que es y el papel que juega tu cerebro para empeorarlo, entonces lo puedes vencer.

Hay dos estrategias que funcionan increíblemente bien juntas: utilizar #5SecondRule para controlar tu mente y luego reformular la ansiedad en entusiasmo para que tu cerebro no la intensifique y tu cuerpo se pueda calmar. Se hace de la siguiente manera.

## Entusiasmo y ansiedad tienen la misma reacción en tu cuerpo

La primera vez que utilicé esta «estrategia de reformulación» fue para hablar en público. Recibo muchas preguntas acerca de hablar en público y, en concreto, acerca de cómo superé mis miedos y mis nervios de hablar en público. Mi respuesta siempre sorprende: nunca he superado mis miedos y nervios, simplemente los utilizo a mi favor.

Yo me gano la vida hablando. Hablando mucho. En 2016, me nombraron la mujer ponente más solicitada de Estados Unidos: 98 ponencias en un año. Increíble. ¿Me pongo nerviosa? Pues claro. Cada vez. Pero he aquí el truco: no lo llamo «nervios». Lo llamo «entusiasmo» porque **desde una perspectiva fisiológica, la ansiedad y el entusiasmo son lo mismo.** Deja que te lo repita. El miedo y el entusiasmo representan lo mismo para tu cuerpo. La única diferencia entre el entusiasmo y la ansiedad es el nombre que les da tu mente. Como en el ejemplo del «casi accidente». Si tu cerebro tiene una buena explicación que justifique por qué tu cuerpo está perdiendo los papeles, nada irá a peor.

La primera vez que realmente di un discurso con todas las de la ley fue el de TEDx en San Francisco. Recuerdo estar entre bambalinas escuchando un ponente detrás de otro, todos con doctorados, pensando «Esto es lo más estúpido en lo que me he metido. Voy a sonar como una imbécil en comparación con toda esta gente tan inteligente».

Las manos me sudaban. Se me estaba acelerando el corazón. La cara me ardía. Las axilas me chorreaban como si fueran las cataratas del Niágara. ¡Mi cuerpo se estaba preparando para la ACCIÓN! Me estaba preparando para hacer algo. Pero me dije que estaba nerviosa. Cogí todas esas sensaciones y les puse la etiqueta de que eran una señal de que algo malo pasaría y los nervios fueron a peor.

¿Quieres saber algo impactante? Seis años más tarde y después de cientos de discursos… aún siento EXACTAMENTE LO MISMO en el cuerpo cuando estoy entre bambalinas. Me sudan las manos. Se me acelera el corazón. La cara me arde. Las axilas me chorrean. Fisiológicamente estoy en un estado de excitación. Estoy a punto de entrar en ACCIÓN y mi cuerpo se está preparando. Siento lo mismo que me haría sentir el miedo, simplemente lo canalizo hacia una dirección positiva.

Cuantos más discursos doy, más cómoda y segura me siento acerca de lo que digo, pero cuando gané confianza en mi habilidad, me di cuenta de que los sentimientos en el cuerpo no me desaparecían. Y fue entonces cuando me iluminé y vi que a lo mejor esto era simplemente la forma que tenía mi cuerpo de prepararse para hacer algo guay. Así que empecé a decirme que estaba entusiasmada, en vez de decir que estaba nerviosa.

## Di que estás entusiasmado

Yo nunca supe que mi «truco» estaba respaldado por ciencia de la buena. Se llama «reformulación de la ansiedad». Reformular tu ansiedad en entusiasmo, realmente funciona. Es tan sencillo como poderoso. Alison Wood Brooks, profesora de la Escuela de negocios de Harvard, ha llevado a cabo un estudio tras otro para demostrar que no solamente funciona para reducir la ansiedad, ¡sino que hace que obtengas mejores resultados en exámenes de mates, en expresión oral, etcétera!

En definitiva, como la ansiedad es un estado de excitación, es mucho más fácil convencer a tu cerebro de que esos nervios son simplemente entusiasmo, que no intentar calmarte. Al utilizar esta técnica en experimentos que iban desde cantar en un karaoke, dar un discurso ante una cámara o hacer un examen de mates, los participantes que decían «qué ganas tengo», lo hacían mejor en cada uno de los retos que esos participantes que decían «qué nervios tengo». Reformular tus nervios en entusiasmo funciona, tal y como hizo Suzi. Ella utilizó #5SecondRule para 5- 4- 3- 2- 1 y evitar que esa sensación que tenía en la barriga la detuviera:

Suzi Helmlinger Mi marido y yo estamos planeando salir de nuestra zona de confort a lo grande. Él se jubilará pronto y estamos contemplando la posibilidad de mudarnos a la otra punta del país, a la costa este. Cada vez que tengo «esa sensación» en la barriga (ya sabes de qué te hablo, del miedo al cambio), recuerdo el poder de los 5 segundos y hago una lista de las cosas que tengo que hacer y las voy tachando una a una. Esto nos está acercando a nuestro sueño. Gracias por tu inspiración.
Me gusta · Responder · Mensaje

A ver, este es el truco de decirte «qué ganas tengo»: esto no disminuye las sensaciones que se disparan en tu cuerpo. Simplemente le da una explicación a tu mente que te fortalece. De este modo los nervios no van a más. Estás bajo control y el nerviosismo de tu cuerpo se empezará a calmar cuando te empieces a mover.

La próxima vez que tengas un ataque de pánico mientras te estés haciendo el café, tengas pánico escénico, te estés acojonando antes de un partido, o te preocupes por un examen importante o una entrevista de trabajo, utiliza #5SecondRule y estas estrategias científicas para vencer la ansiedad.

Tan pronto notes cómo la ansiedad se apodera de tu cuerpo, toma el control de tu mente, 5- 4- 3- 2- 1 y empieza a decirte «qué ganas tengo» y oblígate a tirar adelante.

Esto es lo que hizo J. Greg cuando reformuló su ansiedad para vencerla:

**J. Greg Morrison**
Ver perfil

He reformulado las dudas como una oportunidad de avanzar en mi trabajo en esos 5 segundos aunque no me apetezca. He permitido que esa sensación de «no me apetece» se convierta en un trastorno avanzado de ansiedad y realmente pienso que tus charlas me han ayudado a encontrar la manera de desbloquearme. ¡¡¡Por fin!!! Así que gracias por ayudarme a reformular la sensación de «no me apetece nunca» para que sea «normal» en vez de «neurótica».

El impacto físico (el empujón) es crucial y empieza cuando haces la cuenta atrás. Al esforzarte permites que tu córtex prefrontal tome el control y te centre en una explicación positiva. Cuando empieces a utilizar esta estrategia puede que tengas que repetirla 27 veces en una hora. La primera vez que nuestro hijo de once años la utilizó para vencer su ansiedad a la hora de dormir en casa de sus amigos, dijo: «Tengo ganas de dormir en su casa» una y otra vez durante los 10 kilómetros de trayecto entre nuestra casa y la de su amigo Quinn... qué corazoncito.

Cuando llegamos a la casa de Quinn, paré el coche y le pregunté: «¿Cómo lo llevas?» y me dijo: «El corazón aún me late muy rápido y tengo una sensación rara en la barriga, pero tengo ganas de quedarme a dormir en su casa». De esto ya hace seis meses. Su ansiedad a la hora de dormir en casa de otras personas ha desaparecido. Ahora realmente le entusiasma la idea. Y este es el poder de esta herramienta: realmente funciona.

«Eres más valiente de lo que crees, más fuerte de lo que pareces y más inteligente de lo que piensas.»

- AA Milne

# CAPÍTULO CATORCE

# VENCE EL MIEDO

«VALENTÍA, QUERIDO CORAZÓN.»

C. S. LEWIS

El miedo te hará hacer locuras. Uno de mis mayores miedos era morirme en un avión en llamas. Cuando tenía que coger un avión, me comportaba como un bicho raro. Tenía un montón de supersticiones acerca de volar. Primero analizaba la zona de embarque y buscaba mujeres con bebés, hombres o mujeres de uniforme, curas, monjas, gente en silla de ruedas, pilotos que no estaban de servicio y volvían a casa, o en general, gente que pareciera amable. Luego, me repetía que Dios no dejaría que un avión estallara con tanta buena gente a bordo. Esto me aliviaba hasta que subía al avión. Una vez dentro, cada sacudida o ruido que hacía el avión antes de despegar provocaba que se me acelerara el corazón y que notara una presión en el pecho.

El despegue era lo peor. Tan pronto las ruedas dejaban de tocar el asfalto, yo estaba en un estado de auténtico pánico. Cerraba los ojos y visualizaba una explosión, terroristas, mi fila saliendo disparada del avión, o simplemente, cómo el avión caía en picado. Apretaba el reposa brazos y casi no podía respirar. Si el capitán nos hablaba por los altavoces, mi nivel de miedo disminuía hasta la mitad. No me relajaba hasta que las luces que te obligaban a mantener el cinturón abrochado se apagaban, lo cual era una señal para mí de que los pilotos creían que era seguro moverse por el interior del avión. En mi cabeza, esto significaba que se había acabado la amenaza inmediata de morirme en un accidente aéreo.

Me curé del miedo a volar utilizando #5SecondRule y una forma específica de reformulación de la ansiedad a la que llamo «pensamientos ancla». Y tú puedes utilizar esta Técnica de la misma manera con cualquier miedo. Zahara lo hizo con su miedo a volar «¡y funcionó!».

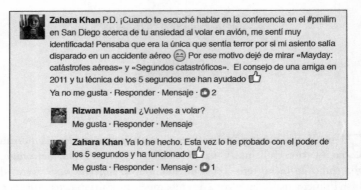

Así es como lo hice yo. Es la misma Técnica de la que hablé con Zahara.

## Crea un pensamiento ancla

Primero, antes de emprender cualquier viaje, pienso cuál será mi «pensamiento ancla». Tiene que ser un pensamiento que sea relevante para el viaje que voy a hacer y que me ancle si me entra el miedo. Empiezo pensando en el viaje, adónde voy a volar, y lo que tengo ganas de hacer cuando llegue allí.

Si me voy a ver a mis amigos en Driggs, Idaho, mi pensamiento ancla puede que sea el de subir a la montaña llamada Table Top. Si me voy a mi ciudad natal, en Míchigan, puede que piense en el momento en el que aparcamos en casa de mis padres y los niños salen corriendo del coche para abrazar a sus abuelos, o el de dar un agradable paseo por el lago Míchigan con mi madre. Si me voy a una reunión en Chicago, pensaré en la deliciosa cena que me voy a comer con algún cliente. Una vez tengo una imagen específica en mi mente, el resto es muy fácil.

Este uso de #5SecondRule es una variante de lo que los científicos llaman planificación: «Si... pues entonces...». Es una manera de mantenerte bajo control creando un plan B con antelación. El plan A es no ponerse nervioso.

Pero **si** me subo al avión y me empiezo a sentir nerviosa, **pues entonces** tengo mi plan B: utilizaré #5SecondRule y mi pensamiento ancla para vencer mi miedo a volar. Hay estudios que demuestran que este tipo de planificación «si... pues entonces...» puede casi triplicar tu índice de éxito.

## En el avión

Tan pronto descubro algo que me pone nerviosa, tanto si es un ruido alarmante, una turbulencia, un embarque que parece que dura demasiado, un clima que parece amenazante o una sensación de mal rollo con el pasajero que está a mi lado, mi miedo puede dispararse fácilmente porque tengo muy integrado mi patrón de pensamiento. Cuando pasa esto, empiezo a contar 5- 4- 3- 2- 1 para ahuyentar el miedo de mi cabeza, activar mi córtex prefrontal y volver en el momento presente.

Luego, me fuerzo a anclarme en las imágenes concretas en las que estoy volando y pienso en las ganas que tengo de caminar por la playa con mi madre, de cenar con un cliente en Chicago o de subir a la montaña Table Top con mis colegas.

Estas imágenes ancla son poderosos recordatorios de la pura realidad... si estoy en un restaurante en Chicago cenando con mis clientes esta noche, o si salgo a pasear por la playa con mi madre mañana por la mañana o si llego a casa a tiempo para ver el partido de *lacrosse* de mis niñas, obviamente el avión no se estrellará y no tengo nada de qué preocuparme. Lo más importante es que le proporciono a mi mente el contexto que está buscando para que el miedo no se intensifique. A medida que le doy vueltas a mi pensamiento ancla, mi cuerpo se relaja.

Al utilizar esta técnica una y otra vez, he superado mi miedo a volar. Y cuando digo utilizar, me refiero a utilizarla sin parar. Cada vez te resultará más y más fácil hasta que, de repente, ya no tendrás miedo. Habrás entrenado la mente para que los ajustes predefinidos sean positivos: entusiasmo por lo que vas a hacer en vez de miedo. Dana utilizó esta técnica con éxito y dice que nunca ha estado tan tranquila a la hora de volar.

 **Dana Siemsen Smith** ¡Me encantó verte en la convención de Kyäni! Ayer utilicé tu método del 5- 4- 3- 2- 1 en un avión ¡y funcionó! ¡¡Creo que nunca había estado tan tranquila a la hora de volar!! ¡¡Gracias!! ¡¡¡¡¡¡Tus palabras fueros inspiradoras y edificantes!!!!!!

Y Fran la puso en práctica en el vuelo de vuelta a casa justo después de aprender la Técnica en una conferencia en Dallas y dice que experimentó una enorme diferencia.

Fran

¡Hola! ¡Gracias! Sí que tengo una historia.

Siempre he odiado volar y lo evito siempre que puedo. La convención de Nerium llamada Get Real tuvo lugar en Dallas y como vivimos en Maryland, tuvimos que volar hasta allí. ¡Me pasé todo el vuelo al borde del ataque de pánico! Estaba tan amargada que puse de los nervios a otra gente. Dios mío. Ahora voy a tu charla en Get Real. ¡Madre mía! Experimenté una enorme diferencia en el vuelo de vuelta. Cada vez que sentía que llegaba el pánico utilizaba tu técnica de los 5 segundos ¡y me pasé la mitad del vuelo mirando por la ventana y sacando fotos! ¡No me puedo creer todo lo que me estaba perdiendo por culpa del miedo!

Eso fue una prueba suficiente de que funciona, y además me ha funcionado también en otros aspectos de mi vida.

Me encanta lo que dice Fran al final de su mensaje: «¡No me puedo creer todo lo que me estaba perdiendo por culpa del miedo!». Tiene razón y es impresionante. Yo me di cuenta de lo mismo, me estaba privando de la felicidad, de las oportunidades y de la magia de cada día porque vivía con miedo. No tiene por qué ser así. En solo cinco segundos puedes tomar las riendas. Puedes vencer el miedo.

Ahora, ya nunca me pongo nerviosa ni tengo miedo cuando subo a un avión. De vez en cuando, si hay turbulencias, utilizo la Técnica para no clavar las uñas en el brazo de la persona que se sienta a mi lado.

Sin embargo, sigo utilizando esta Técnica cuando me enfrento a otros miedos. Antes de una negociación o de una conversación difícil, por ejemplo, creo un pensamiento ancla de la conversación o de la negociación y me va muy bien. En concreto, me imagino que alguien me abraza o me da las gracias por haber entablado la conversación o brindando por el acuerdo al que hemos llegado con mi socia en nuestro bar preferido.

Este pensamiento me mantiene sólida y fuerte, en el presente. Cuando entablas una conversación en la que tienes que gestionar un miedo, no puedes ser la mejor versión de ti porque parte de tu mente está ocupada intentando gestionar ese miedo a tiempo real. Cuando tienes un pensamiento ancla, eso te permite hacer desaparecer el miedo justo en el momento en el que notas que tu mente empieza a ir a la deriva.

Recuerda que, aunque tus miedos y hábitos puedan abordarte en cinco segundos, tú puedes recuperar el control igual de rápido y «seguir así» para siempre.

 **Claudia Granados** ¡¡¡Gracias, has ayudado a muchos de nosotros a superar nuestros miedos!!! 😢 ¡Ya he utilizado el método del 5- 4- 3- 2- 1 y continuaré utilizándolo! ¡¡¡Siempre te estaré agradecida!!!

# Domina tu mente y cualquier cosa será posible.

# PARTE 5

# LA VALENTÍA LO CAMBIA TODO

# CÓMO CONVERTIRTE EN LA PERSONA MÁS REALIZADA DEL MUNDO

Estamos llegando al final del libro. Has conocido la historia de la Técnica, entiendes el concepto de la valentía cotidiana y has aprendido los usos más tácticos de #5SecondRule para cambiar el comportamiento y para cambiar tu mente. Ya estás preparado para sumergirte en temas más profundos y más conmovedores que impactarán la conexión que tienes contigo.

**Primero,** explorarás la confianza en ti mismo y cómo puedes ganar seguridad utilizando actos de valentía en el día a día. Conocerás la sorprendente conexión entre la confianza y la personalidad. Conocerás a gente que ha tenido mucho éxito ganando seguridad y leerás algunas publicaciones sumamente sinceras en las redes sociales acerca de cómo reconectar con la persona más importante de tu vida: tú.

**Segundo,** descubrirás como la valentía cotidiana te ayuda a encontrar tu pasión. Conocerás a hombres y mujeres que están utilizando el #5Second Rule para ganar la batalla al miedo y juntar el valor para perseguir lo que les dice el corazón. Sus ejemplos te inspirarán a hacer lo mismo.

**Tercero,** explorarás qué es lo que crea conexiones profundas y significativas en las relaciones y por qué la valentía es un componente tan fundamental. Las increíbles historias en este apartado te inspirarán a aprovechar al máximo el tiempo que tienes con las personas a las que quieres y te proporcionarán algo muy simple que podrás hacer en cualquier momento, a cualquier hora para intensificar tus relaciones.

Trae pañuelos.

Esta es mi parte preferida del libro. Si puedes enriquecer la confianza en ti mismo, tu pasión y la conexión con la gente, tu vida se transformará en formas que solo hubieras creído posibles en sueños.

**Siempre habrá alguien que no sabrá ver lo que vales.**

**No dejes que ese alguien seas tú.**

# CAPÍTULO QUINCE

# GANA AUTÉNTICA CONFIANZA

> «LA CUEVA A LA QUE TE DA MIEDO ENTRAR
>
> CONTIENE EL TESORO QUE BUSCAS.»
>
> JOSEPH CAMPBELL

Un gran error que mucha gente comete es pensar que la confianza es una cuestión de personalidad. Confianza significa simplemente que crees en ti mismo, en tus ideas y en tu potencial. Todo el mundo puede aprender a tener más confianza. No es una característica de la personalidad. Es una habilidad.

Puede que tengas una personalidad extrovertida y hables mucho, pero esto no significa que tengas confianza en ti mismo. Puede que la persona más bocazas sea la más insegura y que solo diga lo que cree que le hará quedar bien. No hace falta que mires más allá, tienes mi ejemplo. Durante mucho tiempo yo era una persona mandona y que llamaba la atención, pero me sentía insegura conmigo, con mis ideas y con mis habilidades.

Puede que las personas más tranquilas que conozcas sean las que tienen más confianza en sí mismas. Tu mejor amiga, que es introvertida, puede que crea en sus ideas con gran confianza (y se enfade si no le preguntas acerca de ellas), pero que le dé miedo a expresarlas en voz alta porque sabe que se sonroja. No es que le falte confianza en sus ideas, simplemente necesita un poco de valentía para abrirse camino entre el miedo a que la juzguen por tener las mejillas rojas.

Tuve una experiencia que ilustra la conexión entre la confianza, la valentía y la personalidad. También te enseñará, una vez más, el auténtico orgullo que sientes cuando piensas 5- 4- 3- 2- 1 y te empujas a salir de tu zona de confort.

Hace poco, tuve la oportunidad de hablar en Cisco Systems, la empresa de tecnología de redes y servicios más grande del mundo. Unos meses más tarde me volvieron a invitar para dar una charla similar, pero esta vez a un grupo de ingenieros superiores.

Cuando llegué a esa segunda charla, un hombre se me acercó mientras yo me estaba preparando con el equipo audiovisual. Estaba muy contento de verme y me saludó con un abrazo como el que me daría un viejo amigo. Al ser de la zona Medio Oeste de Estados Unidos, no hay nada que me guste más que un buen abrazo. El hombre casi no podía contener su emoción, y me dijo que tenía que contarme algo fascinante que le había pasado con la Técnica.

Me había visto en la conferencia de Cisco Live hacía unos meses. En ese discurso, como hago a menudo, les puse deberes a las personas que estaban en el público para que utilizaran #5SecondRule:

*«Preséntate a tres desconocidos hoy, utilizando el Poder de los 5 segundos».*

Luego, les expliqué cómo quería que completaran la tarea:

*«Presta atención a tus instintos y a ese momento en el que te sientes atraído por alguien. Ese es el "momento del empujón". Aprovéchalo. Empieza a contar 5- 4- 3- 2- 1 y empieza a caminar hacia esa persona en cinco segundos antes de que tu mente te disuada».*

Luego, les expliqué qué pueden esperar al probar esta simple tarea. En el momento en el que ves a alguien a quien te gustaría conocer, tu mente se llena de un millón de excusas por las que no deberías ir e presentarte:

*«Oh... espera. Está hablando con otra gente y no quiero ser maleducado; parece que está ocupada, así que ya le diré algo más tarde; está mirando el teléfono, así que no le interrumpiré; no hay mucho tiempo, así que ya lo haré en la siguiente pausa».*

Y todo esto que piensas, no es verdad. Es tu cerebro intentando estropearte el plan.

Después de que mi nuevo amigo ingeniero recordara mi propia tarea, me contó lo que le había pasado. Después de mi discurso en Cisco Live, estaba fuera en el pasillo y tuvo un «momento de empujón». John Chambers, el director general de Cisco, estaba pasando por allí con un grupo de altos cargos. A ver, tienes que entender que John Chambers es una leyenda en Cisco y todo el mundo opina que es muy buen tío. Chambers había sido el director general durante veinte años y justo el día siguiente se anunciaría que dejaba el cargo de director general y que Chuck Robbins le relevaría.

Así que mi nuevo amigo el ingeniero estaba allí en el pasillo, con el aprendizaje de #5SecondRule bien fresco. Vio a Chambers y su instinto se despertó. Inmediatamente sintió la necesidad de presentarse y agradecer a Chambers por haberle inspirado, y de paso hacerle saber el orgullo que sentía por ser ingeniero en Cisco. Me dijo que sabía que debería hacerlo e intentó darse el empujón, pero se quedó congelado.

Me explicó que se sintió paralizado, añadiendo que él es «una persona introvertida» y ese tipo de cosas no le salen con naturalidad. El momento se escapó. Su héroe desapareció por el pasillo y se pasó lo que quedaba de día atormentándose por no haber aprovechado la oportunidad de conocerle. Pero por suerte, este no es el final de la historia.

A la mañana siguiente, mi nuevo amigo estaba corriendo por la bahía de San Diego, en el parque del Embarcadero en el centro de la ciudad de San Diego. Ese precioso carril bici que va por la Marina estaba (como siempre) lleno de corredores, ciclistas y paseantes. Llevaba puestos los auriculares y estaba escuchando música, absorbiendo la belleza del momento. Y de repente ¿a que no sabes quién estaba allí, delante suyo? Así es, John Chambers.

Chambers estaba solo, llevaba auriculares también, y estaba corriendo, como él. Mi amigo me dijo que sabía que ese era el momento. Ahora o nunca. Dijo, *«Pero inmediatamente me preocupé por si le estaría interrumpiendo su tiempo libre o por si sería irrespetuoso, pero cuando me pillé dudando, empecé la cuenta atrás 5- 4- 3-...».*

Aceleró el ritmo para pillar a Chambers, le dio un toque en la espalda, se disculpó por interrumpirle y luego le explicó que siempre había querido darle las gracias personalmente por la increíble trayectoria profesional que había tenido en Cisco. Los dos hombres pararon de correr y empezaron a caminar por el parque del Embarcadero juntos.

Según mi amigo, Chambers fue encantador y simpático. Hablaron de un montón de cosas: trabajo, vida e incluso una idea que mi amigo había relacionado con un proyecto en el que estaba trabajando. Al final de la conversación, Chambers le dio la mano, le agradeció que se hubiera presentado y le dio el nombre de un alto cargo en la organización que se encargaba de la innovación. «Dale mi nombre y dile que hablamos, y que quiero que compartas tu idea con él», dijo Chambers.

Mi nuevo amigo estaba tan radiante que rebosaba de alegría y podía iluminar toda la sala mientras me contaba la historia. «Esto ha sido lo más memorable de mi trayectoria profesional, Mel. Y si no hubiera sido por #5SecondRule, nunca hubiera pasado. No sé cómo agradecértelo».

Y luego añadió: «Ay, casi me olvido; ¡me están haciendo entrevistas para un trabajo con el hombre que Chambers me presentó!.»

¿Le dieron el trabajo?

No tengo ni idea. Un nuevo puesto de trabajo no es el objetivo de la historia. Esta historia va de los actos de valentía cotidiana, y cómo nos ayudan a ganar confianza. Esta experiencia en particular tiene el potencial de cambiar más que no solo un trabajo. Si continúa utilizando la Técnica para escuchar y seguir sus instintos, es muy probable que acabe cambiando su trayectoria vital.

Su euforia no se debía necesariamente al hecho de haber conocido al director general, aunque esto mole mucho, sino a lo bien que sienta cuando honras tus propios deseos y tomas el control de tu vida.

Recuerda que la confianza en ti mismo se gana a través de los actos de valentía cotidiana. Esto es lo que le estaba pasando: la emoción de saber que podía contar consigo mismo. Cuanto más practique actos de valentía en el día a día, más confianza tendrá en sí mismo.

Acuérdate de que la confianza se crea con las pequeñas cosas que haces cada día, las cuales hacen crecer la fe que tienes en ti.

Recibí un mensaje de un hombre llamado Bill que me ayudará a ilustrar el concepto de aprender a tener fe en ti. Bill me contó con un inspirador nivel de valentía, un apuro por el que pasamos muchos de nosotros.

## «Tengo problemas siendo mi verdadero yo.»

La vida de Bill suena extraordinaria desde fuera. Está casado, tiene cuatro hijos maravillosos, una trayectoria profesional llena de éxitos y es el presidente de una asociación profesional. Qué pasada de vida, ¿no? Seguro que eso parece. Pero falta algo. Y es una conexión significativa consigo mismo.

Bill tiene suficientes agallas para admitir que no está viviendo con convicción y que (como muchos de nosotros) ha desarrollado el hábito de dudar, pensar demasiado las cosas, y no hacer y decir nunca lo que debería hacer y decir. Bill tiene la sensación de haber perdido la habilidad de conectar de verdad con la gente.

Se está olvidando que la persona más importante con la que ha perdido conexión es él mismo. Cuando pierdes el contacto de tu yo real, te sientes a la deriva, pierdes confianza en ti y la vida pierde su «sabor de congruencia».

**Bill**

Gracias y felicidades por haber tenido las agallas de contarlo tal
y como lo ves. Tengo 53 años, 4 hijos (3 hijas adultas y ahora un
pequeño de 5 años con mi segunda mujer). Soy un jefe de
proyectos senior en mi empresa, así como también el director de
nuestro departamento de construcción. También hago de
voluntario en la sucursal local del PMI (Project Management
Institute) y me acaban de nombrar presidente. Qué pasada de
vida, ¿no? Salvo que tengo problemas siendo mi verdadero yo.
Parece que he perdido la habilidad de conectar de verdad con la
gente. Las cosas en el dormitorio no son muy emocionantes.
Tengo dificultades para saber qué quiero realmente. Y he
desarrollado el hábito de dudar, pensar demasiado las cosas y
nunca hacer o decir lo que debería hacer y decir. Nada
trascendental, pero he dejado de vivir con convicción. Mi vida
ha perdido su sabor de congruencia. Y el sábado pasado el poder
de los 5 segundos llegó a mi vida en una reunión del PMI.

Puedes recuperarlo con #5SecondRule. Bill empezó a utilizarlo para
trabajar en su relación consigo mismo. Para profundizar y poco a poco
empezar a trazar «el camino de los mil pasos», esforzándose a hacer las
cosas pequeñas que paulatinamente te enseñan a volver a confiar en ti.

Poco a poco he emprendido el camino de los mil pasos.
Despertándome por la mañana y saliendo a pasear los perros.
Siendo sincero con la gente, pero con tacto. Devolviendo favores
siempre que tengo la ocasión. Tomando decisiones difíciles en el
trabajo. Centrándome en las prioridades y siendo capaz de decir
que no cuando lo necesito. Saliendo de la cama y sacando a los
perros a pasear. Simplemente pasos pequeños, pero es
estimulante y emocionante, y además estoy aprendiendo
paulatinamente a confiar en mí. Una enorme diferencia porque
estoy avanzando.

Una buena vida está hecha de pasos pequeños. De tomar decisiones
difíciles, de ser capaz de decir que no, incluso de salir de la cama y sacar a
pasear a los perros simplemente porque habías dicho que lo harías. Puede

que sean pequeños pasos para aprender a confiar en ti, pero son los pasos más estimulantes que puedes dar para tener confianza en ti.

Trayce tiene cuarenta y ocho años y dedica su jornada a los niños y a la casa. Tenía la sensación de estar dentro de un pozo cuando descubrió #5SecondRule y PAM... como si se hubiera encendido una luz. Ella utiliza la Técnica para hacer cosas que son pequeñas y forman parte de algo más grande, pero la sensibilidad y el estímulo que le proporcionaban es enorme, como hablar en la iglesia o colgar una foto suya en la red.

Esto es lo que aprendimos de Bill: las cosas pequeñas no son para nada pequeñas. Son lo más importante de todo. Y van sumando. Forzarte a 5- 4- 3- 2- 1 en las cosas pequeñas te da la confianza para hacer cosas de ese algo más grande.

> *«La mayoría de las aplicaciones eran cosas pequeñas que formaban parte de algo más grande, pero la sensibilidad y estímulo que me proporcionaban es enorme.*
>
> *Aquí tienes una breve lista de algunas de las cosas que he hecho utilizando el poder de los 5 segundos que, **de no haber sido por eso, no habría hecho nunca.***
>
> *En un concierto al que fui, me levanté y me puse a bailar sola; me saqué una foto con un escritor al que admiro y la publiqué (no me gustan las fotos en las que salgo yo); hablé delante de una congregación en mi iglesia; hablé con mi marido sobre algo que me molestaba; fui a hablar con gente a la que quería conocer; y he conseguido muchas más cosas en casa (no posponer tanto las cosas).*
>
> *En sí mismas, estas situaciones no son trascendentales, pero los he hecho gracias al poder que hay detrás de la Técnica de los 5 segundos de Mel.*
>
> *Estoy intentando utilizar esta herramienta para cosas que considero más complicadas como perder los kilos que he ganado en los últimos 25 años, y juntar el valor para ir al trigésimo reencuentro del instituto, teniendo en cuenta que he ganado mucho peso.*
>
> *Incluso he utilizado el poder de los 5 segundos para escribir y enviar mi historia. Además, también intento difundir el mensaje de Mel del poder de los 5 segundos con otras personas, y ya sé de gente que lo ha puesto en práctica. Sé que voy a continuar utilizando esta fórmula que te da tanto poder, te cambia la vida y a la vez es tan sencilla.*
>
> ***Por primera vez después de mucho tiempo tengo la sensación de estar empezado a salir del pozo en el que estaba... y tengo muchas ganas de ver qué pasará ahora.***
>
> *Gracias, Trayce.»*

La confianza se gana cuando haces cosas que afirman el concepto que tienes de ti mismo, especialmente cuando se trata de cosas que no harías normalmente, como despertarte a la hora, hablar delante de tu congregación, o perseguir al director general de Cisco por un carril bici. Todo esto son actos de valentía cotidiana que te hacen ganar confianza.

Crystal fue a la misma convención que el ingeniero en Cisco Live 2015 y me escribió acerca de #5SecondRule. Se dio cuenta de que llevaba ocho años cuestionándose cada paso que daba: pensaba que una persona era interesante y un segundo más tarde la mente le daba un millón de motivos para no ir a hablar con esa persona.

Empezó a implementar el 5- 4- 3- 2- 1 inmediatamente sentándose al lado de gente que no conocía de nada en las sesiones del seminario. Al día siguiente, cuando el instructor preguntó si alguien tenía alguna pregunta, se dio cuenta de que ella tenía dudas, pero le daba demasiada vergüenza preguntar… y luego pensó, «sabes qué, si hubiera dejado de pensar en ello me habría levantado», así que lo hizo.

Al utilizar #5SecondRule, se levantó e hizo su pregunta. Con este gesto, inspiró a otras dos mujeres a levantarse también en una sala llena de hombres ingenieros. Luego, hizo 5- 4- 3- 2- 1 y se obligó a ir a un partido de baloncesto al que no le apetecía ir e incluso juntó el valor suficiente para pedirle al vicepresidente que le diera una tarjeta de visita. Gracias a estos actos de valentía del día a día, su confianza ha crecido desde la conferencia y su vida ha cambiado por completo: nuevo trabajo, nuevo título y nueva casa.

<        **julenia1**        ⓘ

Fui al Cisco Live 2015 y escuché tu discurso del poder de los 5 segundos. ¡Fue magnífico! No me había dado cuenta de que llevaba 8 años cuestionándome cada paso que daba. Pensaba que una persona era interesante y un segundo más tarde la mente me daba un millón de motivos para no ir a hablar con esa persona. Después de haber conocido la técnica de los 5 segundos, ¡la empecé a utilizar de inmediato! He conocido a gente a la que no hubiera conocido.

Entré en una clase llena de gente y busqué con la mirada si había caras conocidas para sentarme junto ellos, pero después me dije, eh, ¿qué estás haciendo? Vente para aquí y siéntate en cualquier sitio para conocer a gente nueva. Y así lo hice. Luego, cuando el instructor preguntó si alguien tenía alguna pregunta me di cuenta de que yo tenía dudas, pero que me daba demasiada vergüenza preguntar, sobre todo si me tenía que levantar. Pero pensé, sabes qué, si hubiera dejado de pensar en ello me habría levantado, así que lo hice. Me levanté e hice la pregunta. Después de mí, las dos otras mujeres que había en la sala llena de hombres, también lo hicieron.

¡Me sentí genial! Más adelante me invitaron a ver un partido de baloncesto y al principio me pareció una gran idea, pero luego pensé que preferiría descansar en el hotel. Me alegro mucho haber escuchado mi primer instinto.
Allí conocí al vicepresidente de Cisco ¡e incluso me dio su tarjeta de visita!

Ese día que te escuché en Cisco Live ¡me has cambiado la vida! Tengo un nuevo trabajo donde me pagan lo que me merezco. Tengo un nuevo título (¡he subido tres posiciones!). Finalmente he dado el salto de comprarme una casa después de estármelo pensando durante años. Lo mínimo que puedo decir es gracias. Gracias por abrirme los ojos y enseñarme el poder de los 5 segundos. ¡Ha marcado un antes y un después en  mi vida!

Nobuo empezó a utilizar #5SecondRule después de que prescindieran de él como director ejecutivo. Perdió la motivación y se sentía incompetente.

 Nobuo Kishi Hace dos años vi la presentación de Mel Robbins en TEDX. Escuchando lo que decía Mel, me di cuenta de que el poder de los 5 segundos podría funcionar en mí. Después de que prescindieran de mí como director ejecutivo de una empresa, mi vida ha cambiado por completo, no solo mentalmente, sino también económicamente. Perdí la motivación de crear una nueva vida y me sentía incompetente. Sin embargo, el poder de los 5 segundos me ha ayudado mucho y he decidido aplicar la técnica en mi vida diaria. Después de empezar a utilizarla, poquito a poquito el poder y la energía me han vuelto al corazón, a la mente y al cuerpo.

A menudo cito a Mel en mi blog y lo traduzco

Utilizando la Técnica para practicar actos de valentía en el día a día poquito a poquito, Nobuo, igual que Crystal, se dio cuenta de que el poder y la energía le habían vuelto al corazón, a la mente y en el cuerpo. Les han vuelto porque se han demostrado que tienen el poder de cambiar cosas en su vida.

Hay algo más de lo que quiero hablar acerca de la personalidad y de la confianza. ¿Te acuerdas de lo que dijo el ingeniero justo después de describir cómo se quedó congelado la primera vez que vio a Chambers pasarle por delante en el pasillo? Me ofreció una explicación que decía algo así: «Soy una persona "introvertida" y "este tipo de cosas" no me salen con naturalidad».

¿Y si te contara que nada de tu vida o de tu personalidad se arregla o «se tiene de serie»? Nada viene con naturalidad hasta que lo practicas. Es por eso que sigo repitiendo que tienes que «practicar» actos de valentía en el día a día.

Tienes la habilidad de mejorar, cambiar o enriquecer cualquier aspecto de tu vida a través de la acción. El catedrático Brian Little, un psicólogo en la Universidad de Cambridge, dio hace muy poco una charla TED acerca de esto, llamada «*¿Quién eres realmente? El puzle de la personalidad*». En su discurso hablaba sobre la diferencia entre extrovertidos e introvertidos y las cosas que nos hacen ser como somos. Según el profesor Little, «Son los esfuerzos. Son los proyectos personales». También describe el hecho de que algunas de nuestras características son más fijas y automáticas, pero que muchas son «características libres» que podemos ajustar para avanzar en un proyecto central de nuestra vida.

Little explica que, igual que el ingeniero de Cisco, él es introvertido. Sin embargo, su proyecto central, personal, es el de profesar. Le encanta enseñar. Así que, incluso siendo introvertido, «actúa de una forma poco usual en él» cuando está delante de la clase conectando con sus estudiantes. ¿Cómo lo hace? A través de la acción deliberada y decidida. Se esfuerza a hacerlo.

El proyecto personal del ingeniero era expresarle su gratitud a John Chambers. Es por eso que tuvo el instinto de «actuar de una forma poco usual en él». ¿Cómo consiguió forzarse para hacerlo? #5SecondRule. En los dos ejemplos había dos cosas presentes: el deseo de hacer algo significativo (conectar con los alumnos o con un director general) y una acción deliberada (un empujón para actuar de una forma poco usual).

¿Crees que a una persona introvertida le cuesta más que a una persona extrovertida acercarse a un director general, hablar delante de una congregación o dar una clase? Puede que sí. Puede que no. Depende de la confianza que tenga el individuo. Y la confianza, como ya sabes, no tiene nada que ver con la personalidad. Tal y como le gusta decirlo al profesor Little, «tú eres como tanta otra gente y como nadie». Lo que sí que sé es que la primera vez que haces algo, vas a notar que te cuesta y puede que te dé miedo. Necesitarás un poco de valentía. Eres capaz de sobras de actuar de forma poco usual cuando tienes un motivo importante. El motivo más importante que se me ocurre es el de mejorar tu vida de manera que te sientas vivo, feliz y realizado.

¿Cómo consigues actuar de forma poco usual para que esto funcione? Lo has adivinado: te reafirmas y practicas actos de valentía en el día a día utilizando #5SecondRule. Puede que estos actos no parezcan trascendentales, pero van a superar tus inseguridades con el tiempo.

Todos y cada uno de nosotros tenemos grandeza en nuestro interior. La Técnica nos ayuda a ver que todos somos totalmente increíbles, tal y como descubrió Amber.

> **\_\_amberoh\_\_** @melrobbins eres totalmente ✕
> increíble y gracias a ti ahora sé que yo
> también. ¡¡¡¡Me has inspirado!!!!
> ¡Me encantoooooooooó escucharte!

Esto nos devuelve al inicio: cuantos más actos de valentía practiques, más confiarás en que tú tienes el control de tu vida y, como consecuencia, más confianza tendrás en ti mimo. Incluso cuando lo que tengas que hacer te dé un miedo de muerte, la Técnica te ayudará a pasar a la acción con valentía. Michelle juntó la valentía necesaria para dejar su trabajo tóxico y cargado de ansiedad y, aunque le daba miedo lo desconocido, ese acto de valentía diaria ha hecho que se sienta más segura de sí misma y de su potencial.

> Esta semana he dejado mi trabajo tóxico y cargado de ansiedad, y aunque me dé mucho miedo lo desconocido, nunca me había sentido tan segura de mí misma y de mi potencial como después de leer Stop Saying You're Fine («Deja de decir que estás bien»). Quiero darte las gracias de todo corazón por empujarme a perseguir algo mejor. ¡Me estás cambiando sin ni saberlo! ¡Molas!
>
>

Tal y como descubrió Michelle, hacer cosas que te dan miedo te hace en realidad ser más fuerte. Si tienes la valentía de pasar a la acción, tu confianza irá de la mano. Cada vez que te des un empujón para hablar cuando estás nervioso, para actuar cuando tienes miedo o para ir al gimnasio cuando no te apetece, te das cuenta de que puedes contar contigo para conseguir cualquier cosa. A raíz de confiar en tus habilidades personales, haces crecer tu confianza.

Jay va a un instituto de artes escénicas en Toronto, pero siempre ha estado nervioso a la hora de lanzarse a hacer cosas. Al utilizar la Técnica ha ido a más *castings*, ha conseguido más papeles para espectáculos y, además, ha ganado mucha confianza en sí mismo.

 **Jay**

Hola Mel,

No sé si te acuerdas de la última vez que hablamos, hace ya un tiempo. Hablamos un ratito sobre lo mucho que me habías inspirado con el poder de los 5 segundos. En un par de meses de utilizar la técnica, me empezó a cambiar la vida. Voy a una escuela de artes escénicas en Toronto. ¡Me encanta! Tengo la suerte de trabajar cada día con un estupendo equipo de profesores y directores. Siempre me ha encantado actuar pero también me cuesta lanzarme a hacer cosas. Me doy cuenta de que al poner en práctica el poder de los 5 segundos no solo me han dado más papeles, sino que he ganado mucha más confianza en mí mismo. Y ahora siento que tengo la pasión necesaria para inspirar a otras personas. Quería explicártelo.

Cuanto más utilices la Técnica, más rápido crecerá tu confianza en ti. Stacey utiliza la Técnica casi a diario para ser valiente y hablar con la gente cara a cara, hacer presentaciones para su empresa, y dejar de esconderse por miedo. Utilizar la Técnica con actos de valentía diaria la ha ayudado a crecer de manera que nunca hubiera creído posible. Ha cultivado la confianza que siempre había querido tener y le sienta de maravilla.

> Tu técnica me ha ayudado a crecer en diferentes ámbitos que ni en sueños habría imaginado… Ahora tengo esta confianza que nunca hubiera pensado que podría tener, y les estoy enseñando a mi equipo que ellos también lo llevan dentro. He dejado de procrastinar… en TODO… lo cual es un logro INCREÍBLE para mí.

A lo largo de este libro has leído historias de gente que ha hecho pasos muy simples o aparentemente pequeños hacia delante, y su actitud frente la vida ha cambiado por completo. Puede que estés tentado de descartar estas historias porque parece inverosímil que simplemente con despertarse cada mañana, puedas crear una reacción en cadena que impacte tu confianza. Sin embargo, así es exactamente como se consigue. Deja de centrarte en lo grande. Utiliza el 5- 4- 3- 2- 1-YA en las cosas más pequeñas y verás que estos momentos, en realidad no son tan pequeños.

Como dijo Bill, las acciones valientes del día a día como salir de la cama, tomar decisiones difíciles, ser capaz de decir que no, devolver favores siempre que se tiene la ocasión y centrarse en las prioridades, puede crear un efecto dominó que te cambie la vida. Son pasos pequeños, pero la recompensa es todo lo que buscas: confianza, control y un orgullo que alucinas lo bien que te sienta.

# Habla desde el corazón, aunque te tiemble la voz.

# CAPÍTULO DIECISÉIS

# PERSIGUE TU PASIÓN

> «HAY UNA VOZ
>
> QUE NO UTILIZA PALABRAS, ESCÚCHALA.»
>
> RUMI

Con los años he recibido muchas preguntas acerca de cómo encontrar tu pasión y tu propósito en la vida. Pero nadie me ha pedido nunca que le ayude a *pensar en su pasión*. Esto es porque encontrar tu pasión es un proceso activo, y verás que #5SecondRule es una herramienta increíble cuando empiecen a aparecer las oportunidades. Lo que hace que la gente no encuentre su pasión es que no pueden salir de sus pensamientos y pasar a la acción. Cuando utilices #5SecondRule para 5- 4- 3- 2- 1 y te empujarás para explorar y decidir entre las oportunidades que aparecen, te alucinarás de adónde te lleva.

## Empieza a explorar

¿Cómo exploras? Contrata la mejor guía de todas: tu curiosidad. Tu curiosidad es como tus instintos consiguen que prestes atención a lo que a tu corazón le importa de verdad. Si hay algo que no te puedes sacar de la cabeza, conviértelo en tu nuevo *hobby*. Además, presta mucha atención a la envidia. Si alguien te da envidia, explora ese sentimiento. ¿Qué aspecto de su vida te provoca celos? Puede que esto te dé una pista de lo que realmente quieres para ti.

Luego, oblígate a tomar pequeños pasos para explorar ese tema: lee sobre ello, mira videos tutoriales, habla con gente, ve a clases, hazte un plan. Te sorprenderá lo que pasa con el tiempo.

Puede que tu pasión sea la fotografía. Cuando Chris descubrió #5 Second Rule por primera vez hace cuatro años, era un ejecutivo en un banco (y aún lo es), pero siempre le había gustado la fotografía. Utilizó la Técnica para obligarse a explorar su pasión y, después de varias portadas en revistas y unos cuantos premios, ahora es fotógrafo profesional.

 **Chris Auditore**

Mel Robbins
El viernes antes de la sesión fotográfica con la Stagger Moon Band en Sewannee, recibí un correo de una mujer increíble, Mel Robbins. Los consejos de Mel sobre poder de los 5 segundos me han llevado a conseguir 4 portadas de revista, varios premios y me hayan elegido como mejor fotógrafo entre otras cosas. Su principio es sencillo. Si tienes una idea, ponla en acción en los 5 primeros segundos. Simple, ¿verdad? Pues para muchos de nosotros no lo es. Nos aparecen ideas creativas en la cabeza todo el rato y nos limitamos a dejarlas ir a la deriva. Así que después de ver su charla TED hace unos 4 años, ¡me convencí de que podía hacerlo! Así que señoras y señores, os quiero decir que esto es maravilloso desde un punto de vista creativo. ¡Cuando te llegue una idea a la cabeza, anótala o simplemente ponla en acción! Es así de sencillo.

A lo mejor te interesa arrancar un negocio de comida *gourmet*. No importa si no lo has hecho antes. En el mundo de hoy, tienes muchísimos recursos a tu disposición para ayudarte a explorar. Toma a Eric, como ejemplo. Vive en Camboya y tuvo la idea de empezar un negocio de exportación. Se está esforzando en aprender todo lo posible viendo videos de YouTube y leyendo libros.

 Eric

Actualmente vivo en Camboya y llevo ya dos años aquí. Vine después de divorciarme para enseñar inglés y también para aprender a estar satisfecho conmigo mismo.

Últimamente he tenido mucha morriña, pero mis instintos me decían que, si volvía a Atlanta, Georgia (de donde soy), me arrepentiría de ello.

Tuve la idea de empezar un negocio de exportación de algunos productos alimentarios excepcionales que hay aquí pero que no están disponibles de Estados Unidos. Quiero compartir estos ingredientes

tan maravillosos de este bonito país con la gente en Estados Unidos. Tengo un buen amigo en Atlanta que dirige una empresa de distribución de comida gourmet al por mayor, que vende muchos productos de un nicho de mercado comparable.

Tengo un producto, tengo la manera de distribuir el producto, pero no tengo ni idea de cómo empezar mi propio negocio. Desde que vi tu charla en TED me he comprado y casi acabado un libro de "empezar tu propio negocio de importación/exportación" y me he visto muchos video tutoriales de YouTube.

 Por primera vez en la vida, tengo una idea que me apasiona que realmente podría convertirse en mi propio negocio.

Así es como «descubres» tu pasión, simplemente 5- 4- 3- 2- 1, y exploras hasta que te la encuentras.

## Gana impulso

Tu pasión empezará como un simple instinto. Siempre es así. Primero vas a una clase. Una clase te lleva a un certificado. Un certificado te lleva a conversaciones. Las conversaciones te llevan a oportunidades. Pequeñas oportunidades te llevan a oportunidades más grandes. Puede que quieras compartir algo de lo que estás aprendiendo con la gente en el trabajo, así que utiliza la Técnica para empujarte a hacerlo. Entonces es cuando llega el impulso.

Me maldecirás cuando las cosas realmente empiecen a suceder, pero me darás las gracias por haber encontrado la valentía necesaria para confiar en tu corazón y explorar eso que te parece fascinante. Jo, una banquera de Londres, es un ejemplo fantástico para ver cómo algo pequeño como ir a una clase, puede crecer hasta convertirse en algo extraordinario como una nueva trayectoria profesional. Esta historia es un ejemplo increíble de cómo el momento se crea a partir de algo pequeño. Ya verás:

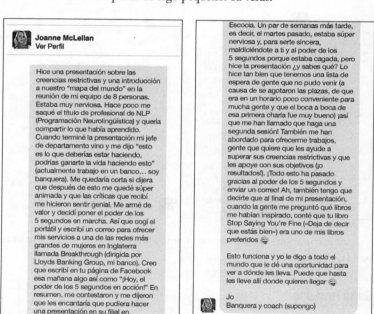

**Joanne McLellan**
Ver Perfil

Hice una presentación sobre las creencias restrictivas y una introducción a nuestro "mapa del mundo" en la reunión de mi equipo de 8 personas. Estaba muy nerviosa. Hace poco me saqué el título de profesional de NLP (Programación Neurolingüística) y quería compartir lo que había aprendido. Cuando terminé la presentación mi jefe de departamento vino y me dijo "esto es lo que deberías estar haciendo, podrías ganarte la vida haciendo esto" (actualmente trabajo en un banco… soy banquera). Me quedaría corta si dijera que después de esto me quedé súper animada y que las críticas que recibí me hicieron sentir genial. Me armé de valor y decidí poner el poder de los 5 segundos en marcha. Así que cogí el portátil y escribí un correo para ofrecer mis servicios a una de las redes más grandes de mujeres en Inglaterra llamada Breakthrough (dirigida por Lloyds Banking Group, mi banco). Creo que escribí en tu página de Facebook esa mañana algo así como "¡Hoy, el poder de los 5 segundos en acción!" En resumen, me contestaron y me dijeron que les encantaría que pudiera hacer una presentación en su filial en

Escocia. Un par de semanas más tarde, es decir, el martes pasado, estaba súper nerviosa y, para serte sincera, maldiciéndote a ti y al poder de los 5 segundos porque estaba cagada, pero hice la presentación ¿y sabes qué? Lo hice tan bien que tenemos una lista de espera de gente que no pudo venir (a causa de se agotaron las plazas, de que era en un horario poco conveniente para mucha gente y que el boca a boca de esa primera charla fue muy bueno) ¡así que me han llamado que haga una segunda sesión! También me han abordado para ofrecerme trabajos, gente que quiere que les ayude a superar sus creencias restrictivas y que les apoye con sus objetivos (¡o resultados!). ¡Todo esto ha pasado gracias al poder de los 5 segundos y enviar un correo! Ah, también tengo que decirte que al final de mi presentación, cuando la gente me preguntó qué libros me habían inspirado, conté que tu libro Stop Saying You're Fine («Deja de decir que estás bien») era uno de mis libros preferidos 😊

Esto funciona y yo le digo a todo el mundo que le dé una oportunidad para ver a dónde les lleva. Puede que hasta les lleve allí donde quieren llegar 😊

Jo
Banquera y coach (supongo)

Cuando tu exploración adquiera impulso, pasarás a la siguiente fase: perseguir tu pasión a tiempo completo. En algún momento, el trabajo secundario se convertirá en tu trabajo real. Tu presentación en el Banco de Escocia se convertirá en una súper carrera como conferenciante.

## El valor de comprometerse

No hay ninguna fórmula mágica que te indique cuándo tienes que tirar el lastre y pasar de un proyecto que te apasiona a una apasionante carrera profesional o a un gran cambio en la vida. Se necesita planificación y reflexiones lentas y profundas. Si eres mínimamente como el resto de nosotros, te torturarás hasta que ya no puedas soportar tener un pie en tu vida presente y otro en la futura.

Michal tenía una gran pasión que quería convertir en una empresa y llevaba años queriendo hacerlo, pero se reprimía. Finalmente, 5- 4- 3- 2- 1 cogió fuerzas para anunciar el arranque de su nuevo negocio. Ahora tiene un motivo para dejar de darle al botón de posponer.

 **Michal Lowthorpe** Hoy he utilizado el poder de los 5 segundos para anunciar el arranque de mi nuevo negocio de retratos ecuestres. Llevaba años queriéndolo hacer pero me reprimía. ¡Qué ganas tengo! ¡Y ahora tengo un motivo para dejar de darle al botón de posponer! ¡Gracias Mel!

Todos nosotros nos merecemos despertarnos tan entusiasmados que ya no queramos darle al botón de posponer, como Michal. Si estás planteándote dar el salto como ella, asegúrate de que te haces la pregunta adecuada.

Tienes que hacerte la pregunta de manera que tu corazón responda primero «*¿Estoy preparado para comprometerme con esto?*» en vez de dejar que tus sentimientos respondan primero «*¿Me siento preparado para comprometerme con esto?*». Nunca te *sentirás* preparado. Tan pronto respondas que sí a la pregunta «*¿Estoy preparado para comprometerme con esto?*» tendrás que usar la Técnica para darte el empujón final.

Incluso cuando estás preparado, no te vas a *sentir* bien cuando lo hagas. Y si no, pregúntaselo a Todd, en Australia. Todd hace mucho tiempo que sabe exactamente lo que le apasiona: la educación física. Siempre ha soñado con enseñar educación física y tener su propio negocio de entrenador personal. Cuando iba al instituto sabía que quería hacer la carrera de Educación física, pero sus padres le dijeron «*No, no puedes hacer esto…*». Le presionaron para que en vez de eso fuera a por una carrera «seria».

Cuatro años más tarde, Todd estaba en su último año de una doble titulación de Derecho y ADE. Nunca se sintió al cien por cien convencido. Tal y como Todd describió en un correo, la «vocecita» estaba siempre allí, detrás de su cabeza, resonando en silencio. ¿Por qué siguió estudiando esa carrera? Sencillo: sus sentimientos. La idea de decepcionar a sus padres le abrumaba. Cada día, pensaba en dejarlo y cambiar de universidad para estudiar Educación Física, pero se sentía paralizado. Ir a la secretaría de la universidad y rellenar la documentación es fácil. Afrontar la decepción de tus padres es devastador.

Durante casi cuatro años, Todd quería dejar la carrera, pero no sabía *cómo* afrontar sus miedos o sus padres. Con #5SecondRule es cómo lo hizo finalmente. Todd estaba en una clase sobre Leyes de impuestos avanzada cuando se dio cuenta de que estaba preparado.

Tal y como lo dijo Todd:

*«Puedo dar fe de la animadversión que tenía a ese programa; quería dejarlo desde el momento en el que empecé. Pero a lo mejor, lo que es más alarmante de toda esta situación es que me he permitido estudiar una carrera hasta el último año antes de decidir ¡que se había acabado esto de odiar mi vida!».*

Todd podía ver el futuro:

*«Mis padres me enviarían a hacer un máster y yo iría, y viviría la vida... para todo el mundo ¡menos para mí!».*

Describió el instinto de actuar y la decisión de cinco segundos que hizo que sucediera.

*«Empieza. Necesito dejarlo. Cogí mis libros, me levanté en medio de la clase y me fui.»*

Le temblaba el cuerpo, pero se estaba moviendo, directo a la secretaría donde se dio de baja de la universidad. Luego cogió el coche y condujo dos horas hacia el sur de Brisbane, hacia la Universidad de Tecnología de Queensland, donde rellenó la solicitud para entrar en la carrera de sus sueños.

Ese martes por la mañana tan trascendental pasó hace dos años. Ahora Todd tiene veinticuatro años y ya ha pasado la mitad de su carrera de magisterio y dice que nunca se lo había pasado tan bien en su vida. Le han admitido para el año que viene al programa de investigación en Educación para alumnos aventajados dentro de la universidad. Esto es lo que dice:

*«He encontrado mi propósito… esto es realmente lo que tendría que haber hecho desde el principio».*

Por lo que respecta a sus padres, sí, se desilusionaron al principio cuando les dijo que no quería ser abogado, pero estaban aún más decepcionados por el hecho de que Todd hubiera tenido miedo (de contárselo) y hubiera sido infeliz durante tanto tiempo.

## Ten fe

Yo creo que puedes hacer que suceda todo lo que tú quieras, siempre y cuando escuches a tu corazón, trabajes y abandones tu vida programada. Uno de mis libros preferidos es el superventas internacional *El alquimista* de Paulo Coelho. Es uno de los libros más vendidos de la historia y se ha traducido a 80 idiomas. Yo llevo más de una década recomendándolo y mientras escribía este libro, me he comprado un nuevo ejemplar del libro para que me mantuviera inspirada y me recordara que *«El universo entero conspira para ayudarte cuando sigues a tu corazón».*

Cuando abrí la edición especial del veinticinco aniversario, me quedé de piedra con la historia que había al inicio del libro. No tenía ni idea de que cuando *El alquimista* se publicó por primera vez en Brasil, fracasó. Miserablemente.

*«Cuando* El alquimista *fue publicado por primera vez hace veinticinco años en mi Brasil natal, nadie se enteró. Un librero del nordeste del país me dijo que solo una persona había comprado un ejemplar la primera semana que estuvo a la venta. El librero tardó seis meses en vender la segunda copia, ¡y fue para la misma persona que compró la primera! Y quién sabe cuánto tardaron en vender el tercer ejemplar.*

*Al final del año, a todo el mundo le quedó claro que* El alquimista *no estaba funcionando. Mi primer editor decidió no contar conmigo y canceló nuestro contrato. Se desentendieron del proyecto y dejaron que me llevara el libro. Tenía cuarenta y un años y estaba desesperado.*

*Pero nunca perdí la fe en el libro ni dudé de mi visión. ¿Por qué? Porque ese libro era yo, era todo yo, mi corazón y mi alma. Estaba viviendo mi propia metáfora. Un hombre que se embarca en una aventura, soñando en un sitio precioso y mágico, persiguiendo un tesoro desconocido. Al final de esta aventura, el hombre se da cuenta de que el tesoro había estado siempre con él.»*

¿Cuarenta y uno y desesperado? Se me puso la piel de gallina cuando lo leí. Esa es la edad que tenía yo cuando descubrí #5SecondRule, y era así exactamente como me sentía. A la conclusión que he llegado es que no hay fecha de caducidad para descubrir y expresar el poder del yo. Tal y como escribió Coelho en el prólogo, empieza con una fe en ti, y esa fe se basa en la valentía de empujarte.

*«Estaba siguiendo mi Leyenda Personal, y mi tesoro era la capacidad de escribir. Y quería compartir este tesoro con el mundo. Empecé a picar las puertas de otros editores. Una de las puertas se abrió, y el editor que había al otro lado creyó en mí y en mi libro y aceptó darle una segunda oportunidad a El alquimista. Poco a poco, gracias al de boca en boca, se empezó a vender: tres mil, luego seis mil, diez mil. Libro a libro, poco a poco a lo largo del año.»*

El libro se convirtió en un fenómeno de ventas y el resto es historia. Está considerado uno de los diez mejores libros del siglo veinte. Cuando le preguntaron a Coelho en las entrevistas si él sabía que sería un éxito o no, esto es lo que respondió:

*«La respuesta es que no. No tenía ni idea ¿Cómo podía saberlo? Cuando me senté a escribir El alquimista, lo único que sabía es que quería escribir acerca de mi alma. Quería escribir acerca de mi búsqueda para encontrar mi tesoro».*

Las respuestas están dentro de ti si tienes la valentía de escucharlas. Tú eres como tanta gente y como nadie. Tú tienes algo extraordinario que compartir con el mundo. Se empieza escuchando lo que llevas dentro y se acaba con la valentía de ir allí donde te lleva.

Síguelo.

# No le cuentes tus sueños a la gente.

# Muéstraselos.

# CAPÍTULO DIECISIETE

# ENRIQUECE TUS RELACIONES

**«UN ACTO DE VALENTÍA ES SIEMPRE**

**UN ACTO DE AMOR.»**

**PAULO COELHO**

Solo necesitas dos consejos para mejorar cualquier relación.

## Dilo

Di una charla en una reunión de ventas para una agencia de corredores de bolsa de Florida y al acabar un hombre alto llamado Don se me acercó. Tenía unos cincuenta años y pico, llevaba barba y una americana deportiva encima de una camisa de madrás. Me dijo que quería compartir algo conmigo acerca de su Técnica de los 5 segundos.

Don tenía su propia versión de la Técnica y le había cambiado la vida. Hacía unos años había tomado la decisión de que no se callaría nada que fuera importante.

Luego me contó una historia sobre cómo, al actuar de acuerdo con su instinto, se obligó a contarle una cosa a su hija que cambió su relación por

237

completo. Su hija Amber y su marido llevan años acogiendo en su casa a familiares que estaban pasando por tiempos difíciles. También hacían de voluntarios los fines de semana en su vecindario y habían hecho varios voluntariados en el extranjero.

Don les dijo que les admiraba. Admiraba cómo vivían su vida y lo ejemplares que eran sus vidas para el mundo. También le dijo que estaba muy orgulloso de la mujer en la que se había convertido. Y luego me dijo esto: «Justo antes de decírselo tenía mucho miedo. ¿Te lo puedes creer? Tenía miedo de decir nada porque tenía miedo de emocionarme».

Me dijo que después de esa conversación, su relación con su hija no ha vuelto a ser lo que era. Ahora están más unidos de lo que se podría haber imaginado y la experiencia le inspiró a vivir la vida siguiendo esta norma: no te calles nada importante.

La intimidad requiere valentía. Da miedo arriesgarse a emocionarse o a poner triste a otra persona para poder expresar lo que piensas, pero el resultado es mágico. Yo viví justo esta magia en una conversación con mi padre el otoño pasado. Estaba de camino al aeropuerto, justo había acabado una conferencia en Miami y vi un mensaje de mi padre: «Llámame en cuanto puedas».

*Qué raro*, pensé. Llamé a casa y mi madre respondió al teléfono.

«Hola mamá, acabo de recibir un mensaje de papá diciendo que le llamara. ¿Va todo bien?»

«Habla con él, ahora te lo paso…»

Dejó el teléfono mientras yo intentaba aún pillarla

«¡Espera mamá! ¿Qué está pasando?»

Escuché cómo chirriaba la puerta de la cocina y cómo llamaba a mi padre «¡BOB! ¡Mel al teléfono!».

No tenía ni idea de lo que estaba pasando. Al principio pensé que me había metido en algún lío. Me sentí en el asiento trasero de ese taxi sintiéndome como una niña de diez años a la que están a punto de castigar. ¿No te parece impresionante lo rápido que tu mente te puede hundir y hacerte pensar que algo va mal?

La incertidumbre había disparado mi hábito de preocuparme y ahora me encontraba dentro del ciclo mental «Y si»: «*¿Se ha muerto la abuela? ¿He* *hecho algo mal? ¿Tiene problemas económicos? Seguro que he sido yo, ¿qué he hecho?».*

¿Te das cuenta de lo que está pasando? La incertidumbre ha disparado mi hábito de preocuparme. En menos de cinco segundos me había convencido de que mi abuela se había muerto, que yo había hecho algo extremadamente malo, de que mi padre estaba muy decepcionado conmigo o que me estaban a punto de dar un gran rapapolvo.

Oí cómo se abría la puerta trasera y cómo mi padre se acercaba a la cocina. Cogió el teléfono y sonaba muy calmado, *«Hola Mel, gracias por llamar, ¿dónde estás ahora?».*

Al otro lado del teléfono yo estaba a punto de perder los papeles.

*«Estoy en Miami de camino al aeropuerto, tu mensaje me ha dado un susto de muerte, ¿he hecho algo mal?»*

Se rio y dijo *«No, no es sobre ti, Mel. Es sobre mí. No os lo quería contar ni a ti ni a tu hermano antes de estar seguro».*

Casi se me cae el teléfono. *«¿Te estás muriendo? Dios mío, tienes cáncer.»*

Me cortó, *«¿Me dejas hablar de una vez? No tengo cáncer. Tengo un aneurisma y me tienen que operar a cerebro abierto para extraerlo antes de que me mate».*

Continuó hablando para explicar toda la historia. Había tenido un ataque de vértigo y se había desmayado mientras estaba jugando al golf. A partir de allí le hicieron una resonancia magnética que reveló su aneurisma. Lo encontraron accidentalmente. Le operaban a finales de semana en la Universidad de Míchigan.

Al otro lado del teléfono yo me había quedado congelada. Mi suegro había muerto de cáncer de esófago. Pocos segundos después de haber escuchado la historia de mi padre, pensé inmediatamente en el día que operaron a mi suegro. Fue solo un momento. Las enfermeras se lo llevaban en silla de ruedas para operarle en el Memorial Sloan Kettering Cancer Center en Manhattan y justo antes de que atravesara la puerta de doble hoja, giró la cabeza y nos miró a todos.

Sonrió y nos dijo adiós con la mano muy discretamente. Todos sonreímos y le saludamos con la mano y yo me acuerdo que le levanté el pulgar. Recuerdo notar un pinchazo de miedo justo en ese momento. Luego desapareció detrás de las puertas. No teníamos ni idea de que esa intervención quirúrgica iba a ir fatal y que las complicaciones le acabarían matando.

De repente volví al presente, en el asiento trasero de un taxi, escuchando a mi padre. Me imaginé a mi padre diciendo adiós con la mano en el pasillo del hospital y tuve miedo. No sé por qué, pero quería saber si mi padre también estaba asustado. Tuve el instinto de preguntárselo e inmediatamente dudé. Empecé a pensar.

*«No le preguntes esto, le pondrás triste. Claro que está asustado, imbécil. Tú sigue siendo positiva y no eches leña al fuego. No le estreses, ese aneurisma podría explotar».* Ese fue el momento del empujón. No te calles nada importante.

# 5... 4... 3... 2... 1...

*«Papá, ¿estás asustado?»*

Al otro lado, silencio. Y empecé a arrepentirme de haber preguntado eso. No me esperaba escuchar lo que me dijo a continuación:

*«No tengo miedo. Estoy nervioso, pero confío mucho en el cirujano que me va a operar. Sabes, Mel, en realidad me siento afortunado».*

*«¿Afortunado?»* Esto no me lo esperaba.

*«Sí, tengo la oportunidad de intentar arreglar esta cosa antes de que me mate. Y al fin y al cabo, si me pasa algo, no me arrepiento de nada. Ver como mi madre cuidaba a mi padre después de su derrame cerebral o ver a Susie morir de esclerosis lateral amiotrófica fue horrible. Me importa mucho la calidad de vida. Y la calidad de mi vida ha sido mucho mejor de lo que hubiera podido desear. De niño, siempre había querido ser médico, y fui médico. Tu madre y yo hemos vivido una vida maravillosa juntos. Tú y tu hermano fuisteis el resultado de ello. Básicamente, he hecho con mi vida exactamente lo que yo quería. Y esto es todo lo que se puede pedir... esto y más tiempo para disfrutarlo.»*

Fue uno de los momentos más bonitos que he compartido con mi padre y sin #5SecondRule no hubiera reunido el valor para hacerle la pregunta. Me quedé sentada allí, en el asiento trasero del taxi para asimilarlo todo. Y luego añadí:

«*De hecho, hay una cosa que me gustaría hacer* —dijo—, *Me gustaría ver África. Y si llego a los noventa, quiero saltar de un avión como lo hizo George H. Bush cuando cumplió los noventa*».

Me reí. «*Claro que llegarás, papá.*»

Esa conversación con mi padre me recordó algo muy importante. Esperar a que llegue el momento adecuado para abrir los ojos de tus relaciones es una misión imposible. No hay un momento adecuado para mantener la conversación, hacer las preguntas difíciles, decir «te quiero» o tomar el tiempo para escuchar de verdad. Solo hay el ahora.

A veces no se trata simplemente de preguntar algo difícil. Puede ser que tengas que acabar con un silencio que os separa. Cortney hacía ya años que había dejado escapar la relación con su padre, pero quería arreglar las cosas. No se desmayó ni le dio demasiadas vueltas, tal y como habría hecho en el pasado. En vez de eso utilizó #5SecondRule para confiar en su instinto y simplemente coger el teléfono y llamar a su padre. Dijo en voz alta 5- 4- 3- 2- 1 y le llamó.

En solo 5 segundos puedes cambiar tu vida.

> Mel,
> Tengo que decirte que te escuché en Salt Lake City hace un mes y cuando volví a casa estaba a tope. La utilicé para arreglar las cosas con mi padre. Hacía años que había dejado escapar la relación y había pasado página y estando en la habitación de mi prometido dije en voz alta 5- 4- 3- 2- 1 y simplemente le llamé. Y no me desmayé ni le di demasiadas vueltas como habría hecho en el pasado. Así que gracias no solo por ayudarme con mi negocio sino también en mi vida personal. Y la utilizo cada mañana para sacar el culo de la cama y salir a correr.
> Gracias gracias gracias
> Cortney

Esconderse es lo que Mike estaba haciendo en su matrimonio hasta que encontró la valentía para 5- 4- 3- 2- 1 y ser más honesto consigo mismo:

> «*Voy a hablar con mi mujer de nuevo de cosas que hubiera preferido ignorar (tampoco desaparecían porque escondiera la cabeza bajo el ala, ni nada). Y estoy siendo más honesto conmigo mismo. Y esto es lo que más me gusta. Puede que no sea perfecto, pero tengo valor. Me sorprende lo bien que siienta eso, de tener valor.*
> *—Mike*».

Mike acaba de compartir un secreto muy poderoso. Para sentir que tienes valor, primero tienes que hacer que tus propios instintos se merezcan tu atención y tu esfuerzo. Y a Anthony le sorprendió que algo tan simple como tener la valentía de inclinarse hacia aquello de lo que normalmente huía, pudiera crear un cambio tan enorme en su matrimonio, ayudándole a sentirse más cercano a su mujer y a satisfacer sus necesidades.

*«Que algo tan simple pueda crear un cambio tan enorme. Fue sorprendente. Antes esperaba que la gente supiera lo que necesitaba y sentía animadversión cuando mis necesidades no estaban cubiertas, sobre todo con mi mujer. Pensaba que todas las esposas podían leer mentes, así que imagínate mi sorpresa.*

*Utilizando la Técnica para simplemente inclinarme hacia aquello de lo que normalmente huía, estoy avanzando a grandes pasos en algunos aspectos de mi vida. Estoy sonriendo ahora mismo. Me siento más cercano a mi mujer y mis necesidades empiezan a estar satisfechas. No tenía ni idea de que mi silencio fuese el problema.*

*–Anthony.»*

Anthony dice que no tenía ni idea de que su silencio fuera el problema. El silencio siempre es el problema. Decidir no decir lo que sientes crea lo que los científicos llaman «disonancia cognitiva» entre lo que realmente sientes (en el corazón) y lo que realmente haces en el momento. Estos problemas se acumulan y, con el tiempo, pueden romper tu relación.

Esto es lo que le pasó a Estelle durante lo que ella describe como un momento ordinario en la vida. Una discusión aparentemente estúpida con su marido rompió una rama en un bosque silencioso, dice ella, y su respuesta fue inmediata: le pidió el divorcio. Así es como lo describe:

*«De repente tenía la mente clarísima y utilicé #5SecondRule para decirlo. Era mi momento de tomar una decisión o de dejar que mi cerebro pusiera "el freno de mano". En ese momento decidí actuar. Le pedí el divorcio. A toro pasado, esa decisión catapultó mi vida en la dirección que sabía que quería ir, pero que siempre me había reprimido.*

*Con esto no quiero decir que fuera fácil. No ha sido nada fácil, pero nunca he dudado ni un momento de mi decisión. En ese momento de acción, de elegir realmente la opción de reaccionar ante lo que sabía que era mejor para mí, fue cuando me encontré conmigo mismo. Ha habido momentos oscuros y a veces solitarios, pero lo que me sorprende es que en esos momentos nunca me he arrepentido de mi decisión de divorciarme.*

*Todos tenemos momentos a diario en los que tenemos que reaccionar o elegir. A veces nos reprimimos, decidimos ser prudentes y no actuar y no arriesgarnos. Yo elijo actuar. Y es en estos momentos en los que me siento más viva, he encontrado a mi media naranja y, lo más importante, he encontrado mi verdadero yo.*

—Estelle».

Desde el principio he dicho que la Técnica era simple. Pero nunca he dicho que fuera fácil lo de «decirlo». La verdad es la distancia más corta entre dos personas y es muy probable que pueda salvar tu relación. El silencio crea distancia. La verdad crea una conexión real, como descubrió Natasha.

Natasha se sentía abrumada por la vida después de la muerte inesperada de su madre. Su optimismo se había evaporado y no podía ver más que lo negativo en el futuro. Estaba preocupada por la relación con su novio y utilizó la Técnica para 5- 4- 3- 2- 1 y hablar con el corazón en la mano acerca de cómo se sentía, de verdad: su relación era insostenible. Le contó cómo se sentía y el resultado fue increíble. En vez de volar por los aires la relación, la verdad les acercó más. Ahora se han comprometido.

Lo primero es una chorrada. Trabajo 10 horas al día y cuando llega el jueves, normalmente estoy hecha polvo. Utilizo el poder de los 5 segundos para darme un impulso para hacer las tareas de casa ¡cuando en realidad me encantaría tirarme al sofá! Me da la motivación para vaciar el lavavajillas. Cuento hasta 5, me levanto, lo hago y ya está, ¡hecho!

Lo segundo es un poco más grande y relacionado con tu primer libro. Estaba pasando por un momento difícil a principios de años después de que mi madre muriera de repente de un cáncer. Noté que estaba abrumada por la vida en general. Mi optimismo habitual se había evaporado. Como consecuencia, mi relación de 3 años se estaba resintiendo. Notaba una ansiedad a diario de que pasaría algo malo y me preocupaba que la relación era insostenible porque no podía ver nada positivo en el futuro, solo más cosas negativas. En junio de 2016, después de darme cuenta de que no estaba bien, utilicé el poder de los 5 segundos para iniciar una conversación sobre mi relación. Le expliqué como me sentía y que quería que las cosas fueran mejor pero que no sabía cómo arreglarlo. Mi pareja me escuchó pacientemente y nos tomamos un tiempo para hablar y conectar. Al final recibimos ayuda a través de una terapia de pareja que nos ayudó a ganar nuevas perspectivas. Nos dimos cuenta de lo mucho por lo que habíamos pasado, lo fuertes que éramos como pareja, y que no tenía que sufrir por si nuestra conexión se rompía. Hemos estado alimentando nuestra relación durante los últimos dos meses y ahora ya vivo sin miedo. ¡Confío en nuestra conexión! Esto se fortaleció cuando este fin de semana ¡mi novio me pidió matrimonio! Evidentemente le dije que sí, ¡y nunca había estado tan feliz! 😊 No había imaginado cuál sería el resultado de mi primera conversación. Pero sabía que tenía que hablar con el corazón en la mano a ver qué pasaba. ¡El resultado ha sido increíble! Y agradezco mucho no haber dejado que el miedo me paralizara.

¡Gracias por leer mi mensaje!

A menudo no valoramos lo profundo que es el poder que reside dentro de los momentos más pequeños de nuestras relaciones mientras el día pasa a la velocidad de la luz. Hace poco me pasó algo que me recordó la importancia de aflojar el ritmo, de estar presente, de «decirlo» y de conectar con tu corazón cuando te habla.

Un hombre me mandó un mensaje en Facebook después de escuchar una charla que di, y me pidió que le echara un vistazo a una página de homenaje a un amigo de la familia llamado Josh Woodruffs. Tenía la sensación de que Josh era el paradigma de una persona que vivió su vida al máximo, y personificó #5SecondRule.

Seguí mi instinto y cliqué en el *link* de la página de homenaje en Facebook. Lo primero que vi fue una publicación de una mujer llamada Mary. Era una publicación preciosa acerca de la intimidad y la capacidad de conectar que todos queremos en la vida, y cómo nos cortamos por los motivos más estúpidos. Una semana antes de que un conductor atropellara y matara a Josh en Nueva Orleans, y después se diera a la fuga, Mary le había visto en el supermercado, pero no le dijo nada. Dejaré que ella misma te cuente la historia:

**Mary Tacy Bazis**
22 horas · Omaha, Nebraska

Josh y mi hijo Jared han sido amigos desde que iban a segundo de primaria. Consideramos que los Woodruffs son unos de nuestros mejores amigos y los admiramos profundamente.

La semana antes de que Josh muriera, le vi dos veces en el supermercado. La primera vez, como casi siempre estaba de viaje, pensé «Oh, aquí está Josh, debe haber venido a casa por Navidad», pero no le dije nada porque no le quería gritar desde la otra punta de la tienda. La misma semana le volví a ver con una enorme sonrisa y un gorro de lana hablando con alguien. Esta vez lo tenía mucho más cerca pero tampoco le dije nada porque quería ir muy rápido, no iba maquillada e iba vestida como una pordiosera, esperando no encontrarme a nadie conocido. Pensé «Qué raro que me lo haya encontrado dos veces en una semana», así que recé por su familia y por sus fiestas navideñas.

Cuando me enteré de su muerte, me sentí muy mal por no haberle dicho nada. No tenía ni idea de que sería la última vez. Pero la última imagen que tengo de él fue con esa enorme sonrisa que lo iluminaba todo.

La semana pasada, estaba en la tienda Target y vi a una amiga, Jenny, que casi siempre está fuera. Empecé a salir de la tienda cuando de repente me acordé de Josh. Tenía prisa y tampoco no había ningún motivo para pararme y hablar, pero volví a pensar en Josh. Me giré y grité desde la otra punta del pasillo «¡Hola Jenny!...»

La publicación de Mary es un increíble recordatorio para todos. A veces no hay una próxima vez. Cuando tu corazón hable, dilo. Me puse en contacto con Caren, la madre de Josh, y ella compartió una historia conmigo sobre Josh:

*«Josh no tenía miedo de los sentimientos de los otros. Cuando él era adolescente, a mi madre le diagnosticaron cáncer. Sabía que la estábamos perdiendo. Un día, me senté sola en el salón para pensar y llorar. Josh entró y me preguntó qué me pasaba y luego me buscó la mirada. No la apartó ni se movió nerviosamente. Simplemente se sentó allí y escuchó. Desde ese día empezamos a avanzar de una relación madre-hijo a una relación de amigos porque se tomaba el tiempo de escucharme como a una persona más allá de su madre».*

Me entristece no haber tenido la oportunidad de conocer a Josh. Parece un tío increíble. Tal y como Caren lo describió, *Josh era el paradigma del esfuerzo. Cogía sus impulsos y reaccionaba ante ellos. Después de su muerte, afirmábamos que vivió la vida sin vacilar.*

En el cierre de su correo, me adjuntó un mensaje que Josh les había mandado a ella y a su marido por fin de año, horas antes de que le atropellaran. Como dice Caren, *Tal cual lo pensó, tal cual lo mandó. Lo guardaremos como un tesoro el resto de nuestras vidas.*

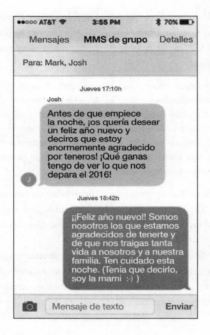

No te calles nada importante.

5- 4- 3- 2- 1 adelante, dilo.

# Todos tus sueños se pueden hacer realidad si te atreves a perseguirlos.

-Walt Disney

# EL PODER DEL YO

Hoy pasará algo increíble.

Una mujer dejará el trabajo porque lo odia. Tiene miedo, pero lo hará de todas formas. Un hombre cancelará su boda sabiendo que lo odiarán por hacerlo. Una veterinaria de cincuenta y seis años empezará su primer negocio, un desarrollador de aplicaciones lanzará su primer producto, y un chico de quince años empezará a escribir su primer libro de cocina.

Una banquera solicitará una vacante para el puesto de ejecutivo que siempre había querido. No se siente al cien por cien cualificada, pero esto no la detendrá a la hora presentar su candidatura. Y un hombre en un bar dejará la seguridad de estar con sus amigos para ir a la otra punta de la sala para hablar con una mujer atractiva. Al principio sentirá como si se estuviera muriendo por dentro, pero al final se sentirá mucho mejor de lo que esperaba.

Saben que puede que fracasen, o meterse una leche en toda la cara, pero lo harán igualmente. Se dan un empujón hacia delante a pesar de que sus sentimientos griten «¡NO!». Están asustados, pero siguen moviéndose.

La pregunta es, ¿por qué? La respuesta es sencilla: saben cuál es el secreto para alcanzar la grandeza. Cuando tu corazón habla, escúchalo, 5- 4- 3- 2- 1 y muévete. También saben cuál es la alternativa y saben que es aterradora: perderse todo lo que están destinados a ser. Vivir en piloto automático y saltarse toda la magia, las oportunidades y la alegría que la vida tiene por ofrecerte. ¿Y cuál es el mayor riesgo? Morir antes de haberte empujado a vivir.

Dan, en California, no va a dejar que le pase esto. Se acaba de matricular a una asignatura de economía para el verano. La idea de ser un #estudiante-deprimerañoalos44 es sobrecogedora, pero lo hará de todas formas porque «nunca se es demasiado mayor» para ser brillante.

**Dan Francis**
@RealDanFrancis

@melrobbins me cago en tu #5SecondRule me he matriculado en una asignatura para el verano. #estudiantedeprimerañoalos44 #nuncademasiadomayor #business #economia

En Honolulu, Shirley se está esforzando para empezar a vivir de nuevo después de perder a su marido. Ha desaprovechado demasiadas «ocasiones de cinco segundos» en los últimos cuatro años. Ahora está poniendo en práctica la valentía cotidiana. Ha empezado con algo pequeño: volver a andar. Este cambio le ha abierto puertas que han estado cerradas durante años.

Solo te quería decir que me has inspirado a volver a caminar. Este es un parque de Waikiki. Gracias, Mel. Aloha 🤙🤙🤙

En Santa Mónica, California, Julie ha utilizado #5SecondRule para empujarse a hacer unas llamadas que le ponían nerviosa, y obtuvo dos cosas: más confianza y 5.000 $ para ayudar a curar el cáncer de páncreas.

En Nueva Delhi, India, Pulkit se está arriesgando tanto utilizando #5SecondRule que le está ayudando a crecer de diferentes maneras, todas ellas maravillosas. Ahora siempre lo da todo con lo que hace, gracias a la Técnica. Y tiene un consejo para Dan, nuestro estudiante de primer año a los cuarenta y cuatro: sigue luchando. Pulkit conoce el poder de la valentía cotidiana porque acaba de terminar la carrera.

**Pulkit**

¡Hola Mel! 😊 Tu Técnica de los 5 segundos me ha ayudado mucho en mi vida personal y profesional. Al asumir esos pequeños riesgos, inculcando este concepto, la ejecución y el efecto son impresionantes. Antes era introvertido, pero ahora he encontrado un buen equilibrio. Sí, me encanta hablar 😊 Sin el poder de los 5 segundos no habría logrado todo esto. Utilizando la técnica de los 5 segundos he arriesgado mucho en mi vida y no hace más que ayudarme a crecer, siempre dándolo todo. Ha tenido un resultado magnífico 😊 Acabo de

Después de una estresante semana en el trabajo, Kathleen quería relajarse, tomarse una merecida copa y olvidar el trabajo, pero 5- 4- 3- 2- 1 y pasó de largo del aparcamiento del bar. Fue un trayecto aterrador hasta llegar a casa, pero en ese momento acababa de ganar. Tal y como dice Kathleen, por muy corto que fuera el trayecto, para ella fue una victoria. Y realmente lo fue.

**KATHLEEN**
Para mí ▾

Querida Sra. Robbins;

Este viernes, de camino a casa, no podía dejar de pensar en el poder de los 5 segundos y la idea de que tienes que darte un empujón para atravesar ciertas situaciones y desatascarte. Mi trayecto de casa al trabajo es bastante largo así que tengo mucho tiempo para pensar. Trabajo en una industria en la que hay mucho estrés, tenemos siempre fechas de entrega muy ajustadas así que tengo un horario muy raro. Salgo del trabajo a las dos. Este viernes, antes de unas vacaciones, lo que haría normalmente sería quedar con amigos en el bar, tomar unas copas y quejarme y lamentarme de la semana que he pasado. Últimamente tengo la impresión de que la sesión semanal para quejarme se ha convertido en una excusa para atontar el cerebro. Tengo la sensación de que estaba evitando mi vida y escondiéndome detrás del Bombay Sapphire (aunque sea delicioso y el néctar de los Dioses, no es el mejor rincón para jugar al escondite). Cuando tomé la salida que me llevaría al bar, empecé a reírme "así que esto es a lo que se refieren con lo de empujarse para atravesar alguna situación y NO, no me apetece". Me di cuenta de que tenías 100% razón con lo que dijiste. No, no me apetecía irme a casa, echarles un vistazo a mis finanzas, lidiar con la manera como vivo, con una actitud de "a quién le importa", yo quería relajarme, tomarme una merecida copa y olvidar el trabajo... pero lo conseguí, vi todos los coches en el aparcamiento del bar y pasé de largo. Créeme, fue un trayecto aterrador hasta casa.

Aunque fuera un trayecto muy corto, para mí fue una victoria. Llegué a casa, encendí el portátil, eché un vistazo a mis finanzas, hice un mapa. Como tú, me gusta correr, me estaba entrenando para un ultramaratón pero me lesioné, el temido tendón de Aquiles. Dejé de hacer ejercicio y punto. Odio el gimnasio... LO ODIO, pero he decidido volver poco a poco (aún lo odio). Después de decidir empezar a comportarme como es debido, pregunté a otros corredores en un fórum local si alguien me podía ayudar a encontrar un médico. Después de visitarme con la especialista, me dijo que mi problema en el tendón de Aquiles tiene arreglo y que en la primavera de 2017 debería poder volver a correr.

Este correo también forma parte del poder de los 5 segundos, no sé si llegarás a verlo nunca, pero yo lo he escrito y enviado.

Que tengas unas muy buenas vacaciones.

En Minnesota, Kelly tomó una decisión de corazón en cinco segundos después de soñarlo durante años. Se mudó a Francia. Ahora que ya lo había decidido, el miedo había desaparecido de la misma manera que Rosa Parks dijo que desaparecería, y utilizó el cerebro para decidir los detalles en vez de dejar que el miedo la paralizara.

> Mel,
> Gracias por compartir mis 5 segundos... Ahora me mudo a Francia.
> Kelly

En Londres, Inglaterra, Steve sufría trastorno por estrés postraumático y se había planteado acabar con su vida mientras estaba a bordo de un ferri. Sus instintos le dijeron que buscara ayuda y #5SecondRule surtió efecto, se apartó de la baranda y se acercó a un miembro de la tripulación del ferri. Necesitó llegar al punto más bajo de su vida para admitir que su depresión había tocado fondo, pero en menos de cinco segundos hizo 5- 4- 3- 2- 1 y descubrió la valentía necesaria para salvar la vida.

 **Steve**

@melrobbins hoy me has salvado la vida, estaba a punto de suicidarme. Iba a saltar de un ferri. El poder de los 5 segundos ha surtido efecto. Gracias

 **Mel Robbins** ✓
@melrobbins

Steve @montgomerysms qué podemos hacer para ayudarte a salir del pozo. Mándame un correo hello@melrobbins.com. Estamos aquí si nos necesitas.

 **Steve**

@melrobbins Ya estoy recibiendo ayuda. Saludos

Y, finalmente, James…

La historia de Steve le llegó a James al corazón. El hermano pequeño de James se suicidó hace un año. James escribió que desearía que su hermano hubiera podido parar 5 segundos. Nunca podrá cambiar eso, pero podrá cambiar su vida. Utilizando #5SecondRule, ha conseguido la valentía necesaria para despertarse y volver a vivir: ya es hora de que pase página, vuelva a su pasión, vuelva a correr. James tomó una decisión en 5 segundos. Va a correr 160 kilómetros, 5- 4- 3- 2- 1, en memoria de su hermano Patrick.

**James**

Muchas gracias. Esto fue lo más destacado de la conferencia, para mí. Antes de que mi hermano pequeño se suicidara el 8 de junio de 2015, yo había corrido 18 medias maratones y dos maratones enteras. Después de su muerte, ya no podía correr. Correr era mi escape, mi tiempo de reflexionar y pensar. Y ya no quería hacer nada de eso.

Hablaste del soldado que estaba a punto de saltar, pero hizo 5.4.3.2.1 y se sacó la idea de la cabeza. Eso me dio directo al corazón. Ojalá mi hermano hubiera parado 5 segundos. Esto ya no lo podré cambiar, pero puedo cambiar mi vida.

Ya es hora de pasar página, volver a mi pasión, volver a correr. Llevo tiempo debatiéndome por correr una carrera de 160 kilómetros en memoria de mi hermano, pero no conseguía el empujón que necesitaba para hacerlo realidad.

Hoy voy a 5.4.3.2.1 correr en memoria de Patrick Stripling.

¡Muchas gracias! Voy a difundir tu mensaje.

**James**

Cita perfecta para mi retorno. Justo al lado de mi escritorio para acordarme cada día de que yo puedo mover la montaña que hay delante de mí.

#xaPatrick #AcabemosconelSuicido #Selavoz #EresSuficiente

Sí, puedes mover montañas. Sea lo que sea que te está pasando, es así. Esta es tu vida. Y no volverá a empezar. No puedes cambiar el pasado, pero en cinco segundos puedes cambiar tu futuro.

Este es el poder de la valentía del día a día. Cuando tu corazón habla, escúchalo, 5- 4- 3- 2- 1- y muévete. Un momento de valentía puede cambiarte el día. Un día te puede cambiar la vida. Y tu vida puede cambiar el mundo.

## El poder está dentro de ti. Y ahora es el momento de mostrarlo.

# 5... 4... 3... 2... 1... ¡YA!

# El Poder de los 5 segundos

El momento en el que tienes un **instinto** de **actuar hacia un objetivo** tienes que

# 5 - 4 - 3 - 2 - 1

y **moverte físicamente** o el **cerebro te detendrá**.